Hermann Heller

Kämpfen für die Demokratie

AF719628

Hermann Heller (1891–1933) zählt zu den bedeutenden Juristen der Weimarer Republik, er betrieb „Staatsrecht als Wirklichkeitswissenschaft" und verschrieb sich einem engagierten sozialdemokratischen Reformismus. Als Professor für Öffentliches Recht wurde er 1933 von den Nationalsozialisten abgesetzt. Er starb am 5. November 1933 nur 42-jährig als Emigrant in Madrid. Zu seinen wichtigsten Werken zählen *Sozialismus und Nation* (1925), *Die Souveränität* (1927), *Europa und der Fascismus* (1929), *Staatslehre* (1934).

Hubertus Buchstein, geb. 1959, seit 1998 Professor für Politische Theorie und Ideengeschichte an der Universität Greifswald. Zu seinen wichtigsten Veröffentlichungen zählen: *Enduring Enmity. The Story of Otto Kirchheimer and Carl Schmitt*, Bielefeld 2023; *Demokratie und Lotterie. Das Los als politisches Entscheidungsinstrument von der Antike bis zur EU*, Frankfurt/M. 2009.

Dirk Jörke, geb. 1971, seit 2014 Professor für Politische Theorie und Ideengeschichte an der Technischen Universität Darmstadt. Zu seinen wichtigsten Veröffentlichungen zählen: *Die Größe der Demokratie. Über die räumliche Dimension von Herrschaft und Partizipation*, Berlin 2019; (mit Veith Selk) *Theorien des Populismus zur Einführung*, Hamburg 2017.

Hermann Heller

Kämpfen für die Demokratie

Kleine politische Schriften

Herausgegeben von
Hubertus Buchstein und Dirk Jörke

Europäische Verlagsanstalt

Bibliografische Information der Deutschen Nationalbibliothek
Die Deutsche Nationalbibliothek verzeichnet diese Publikation in der Deutschen Nationalbibliografie; detaillierte bibliografische Daten sind im Internet über http://dnb.d-nb.de abrufbar.

© CEP Europäische Verlagsanstalt GmbH, Hamburg 2023
Umschlaggestaltung und Satz: Christian Wöhrl, Hoisdorf,
Signet: Dorothee Wallner nach Caspar Neher »Europa« (1945)
Alle Rechte, insbesondere das Recht der Übersetzung, Vervielfältigung (auch fotomechanisch) und Verbreitung, der elektronischen Speicherung auf Datenträgern oder in Datenbanken, der körperlichen und unkörperlichen Wiedergabe (auch am Bildschirm, auch auf dem Weg der Datenübertragung) vorbehalten.
Printed in Germany
ISBN 978-3-86393-167-4
Auch als E-Book erhältlich, ISBN 978-3-86393-655-6

Informationen zu unserem Verlagsprogramm finden Sie im Internet unter
www.europaeischeverlagsanstalt.de

Inhalt

1. Grundrechte und Grundpflichten

I. Geschichte

Dem Mittelalter war der zentralisierte, nach innen und außen souveräne und über alle Mitglieder gleichmäßig herrschende Staat unbekannt. Dennoch bewegte sich das damalige gesellschaftliche Leben in weit festeren Formen als heute, in Formen, in die der einzelne durch Geburt und Beruf gebunden wurde. Es gab keine freie, nur auf sich selbst gestellte Persönlichkeit, nicht den ‚Menschen an sich', sondern jeder war und fühlte sich als Glied einer ihn mehr oder weniger schützenden, aber auch beschränkenden Gemeinschaft, die ihm sein äußerliches und innerliches Gepräge verlieh. Der Sensenmann des Holbeinschen ‚Totentanzes' tritt nicht den Menschen schlechthin an, sondern den Bauern, Bürger oder Edelmann, den Abt, Bischof oder Papst usw. Selbst das wirtschaftliche Leben war durch die Zugehörigkeit zu einem Geburtsstande bestimmt und in Gilden und Zünften verfaßt, die das freie wirtschaftliche Ausleben des Individuums verhinderten. Die verschiedenen Stände lebten unter verschiedenem Recht und Gericht und waren alle, wenn auch in höchst verschiedenem Maße, durch das anerkannte Gesetz der Kirche, des Staates und Standes, der Gilden und Zünfte in der Freiheit ihres Tuns und Denkens beschränkt, sowie durch Abgaben und Dienste an Höhere in sehr ungleicher Weise belastet. Diese mittelalterliche Welt der vielgestaltigen *Autoritäten* wandelt sich seit der Renaissance immer mehr und auf immer weiteren Gebieten in unsere moderne Welt der individuellen *Autonomie.* Die Autonomie der religiösen Überzeugung, der Moral, wie des Denkens überhaupt und die liberal-demokratische Autonomie in Politik und Wirtschaft sind der Ausdruck ein und derselben Bewegungsrichtung der neuzeitlichen Geschichte, die in den Glaubenskämpfen des 17. Jahrhunderts protestantische Freiheit verlangt und die in der Französischen Revolution in den Ruf ‚Freiheit und Gleichheit' ausbricht, die

Kants Staatslehre und seinen kategorischen Imperativ formuliert, durch Herder und Pestalozzi ‚allgemeine Menschenerziehung' fordert und die schließlich auch die ‚Menschen- und Bürgerrechte' in der politischen Kultur zu verfassungsmäßiger Anerkennung gebracht hat. Ihr Entstehen verdanken diese letzteren aber nicht einer politischen Revolution, sondern der religiösen Reformation und dem nie erloschenen Bewußtsein von der ‚teutschen Libertät', der ständischen Freiheit.

Während des ganzen Mittelalters hatten Kirche und Staat um die weltliche Vormacht gekämpft. Im Denken des mittelalterlichen Menschen war aber, wie auch das Märchen ‚Vom Fischer und seiner Frau' zeigt, die Kirche dank ihrer größeren Kulturbedeutung dem weltlichen Herrscher dauernd übergeordnet. Seit dem 13. Jahrhundert beginnt die kirchliche Macht stetig zu sinken, und der absolutistische König errichtet seine Souveränität nach außen gegen Papst und Kaiser, nach innen gegen die Macht der ‚Stände', dadurch die Voraussetzung für ein gleiches Staatsbürgertum schaffend. In diesem Kampfe kann und will der absolute Monarch selbst vor der im Gewissen der Untertanen eingepflanzten Macht der Kirche nicht haltmachen: insbesondere dann nicht, als sich nach der Reformation die verschiedenen christlichen Glaubensbekenntnisse innerhalb seines Gebietes bekämpften. Gegen den Satz: *cujus regio, illius religio*[1] empört sich die dem Menschen von Gott oder ‚Natur' eingeborene Gewissensfreiheit. Der irdischen *Macht* wird die ursprüngliche, vom Staate nicht verliehene, also auch nicht entziehbare *Freiheit* entgegengehalten, ein allgemeines, angeborenes, unverletzliches ‚Naturrecht' behauptet. In den Religionskämpfen der englischen und schottischen Kongegrationalisten und Independenten wird die religiöse Bekenntnisfreiheit zum erstenmal als Naturrecht gefordert. Rechtlich verwirklicht wurde sie zuerst von den, in eben diesen Kämpfen aus dem Mutterlande vertriebenen nordamerikanischen Kolonisten, die eingedenk des eigenen Schicksals bereits im 17. Jahrhundert in ihren Staaten das allgemeine Menschenrecht der Gewissensfreiheit verkünden. Solche Freiheitsforderung blieb nicht auf das religiöse Gebiet beschränkt. Aus den Notwendigkeiten des gesellschaftlichen Kampfes, den vor allem der aufstrebende Bürger gegen wirtschaftliche Beschränkungen, gegen geburtsständische Vorrechte, gegen den Absolutismus und für seine geistige und gesellschaftliche Autonomie führen mußte, aus dem Kampfe der industriellen gegen die feudale Wirtschaftsverfassung erwuchs die umfassende, vornehmlich von Locke und Blackstone formulierte Lehre von den natürlichen Rechten, die dem Schutze von Leben, Freiheit und Eigentum des Individuums dienen und die der Staatsgewalt unübersteigbare Schranken setzen sollten; es entsteht die geschlossen individualistisch-atomistische Weltanschauung des Naturrechts, die noch in einem zweiten Sinne Freiheit, politische Autonomie forderte. Jene Freiheit des Gewissens, der Meinung, des Eigensinns usw. war die gegen den Staat gerichtete Forderung von Seiten der Untertanen, die der absolute Monarch beherrschte; die Freiheit der Regierten. Die fast gleichzeitig auftretende zweite Forderung richtet sich unmittelbar gegen das monarchische Prinzip, geht auf die Freiheit, sich selbst zu regieren, Anteil zu haben an der Herrschaft. Die erstere heißt bürgerliche, liberale Freiheit, Freiheit vom Staate, die zweite politische, staatsbürgerliche, demokratische Freiheit, Freiheit über den Staat; die erstere ist nur der Moderne eigentümlich, auf die letztere war schon der Demos von Athen stolz. Auch die demokratische Forderung der Neuzeit hat ihre Wurzeln in der Reformation. Calvin hatte gelehrt, daß die Kirchengewalt in der Gemeinde ruhe, und die Puritaner und Presbyterianer hatten diese Lehre auf das politische Gemeinwesen, auf *the common wealth of England* angewandt. Die englische Revolution hatte den König demokratisch-parlamentarisch beschränkt und das englische *self government* begründet, die nach Nordamerika ausgewanderten Puritaner aber hatten die ersten streng demokratischen Republiken der Neuzeit gegründet. Auch diese Freiheit der Mitbestimmung über den Staat wird als dem natürlichen Wesen des Menschen anhaftend, als Menschenrecht behauptet.

Um im politischen Kampfe eine urkundliche Waffe in der Hand zu haben, ließen sich die Engländer ihre überlieferten ständischen Freiheitsrechte in den *Bill of Rights* (1689) verbriefen. Die neuen Freiheitsrechte der nordamerikanischen Einzelstaaten werden ebenfalls aufgeschrieben (Virginia 1776) und bilden nun den Bestandteil der ersten geschriebenen ‚Verfassung' im modernen Sinne, die für alle späteren kontinentalen Verfassungsurkunden vorbildlich sind. Die revolutionäre Konstituante, die 1789 die berühmten Menschen- und Bürgerrechte erklärte, war von Lafayette mit den nordamerikanischen Verfassungen bekannt gemacht, den französischen Vorbildern folgte Belgiens Verfassung von 1831, und dieser wurden die Grundrechte der Frankfurter Verfassung von 1849, sowie die Preußische Verfassung von 1850 nachgebildet.

II. Wesen der Grundrechte

Die das 17. und 18. Jahrhundert beherrschende Weltanschauung des Naturrechts hatte den Gesellschaftsbau gedanklich vom Individuum aus konstruiert. Das logisch, wenn auch durchaus nicht immer geschichtlich erste war ihr das von Natur freie, mit Rechten begabte Individuum, das sich mit andern zum Staate verbindet und dadurch den Naturzustand verläßt. Die Absolutisten (Hobbes, Rousseau) behaupteten, durch diesen Vertrag hätte sich das Individuum aller seiner ursprünglichen Rechte zugunsten des Monarchen (Hobbes) oder der Gesamtheit (Rousseau) begeben, die Vertreter der liberalen Idee dagegen behaupteten die Unveräußerlichkeit gewisser Menschenrechte.

Diesem naturrechtlichen Idealismus gegenüber betont unser kritisch-evolutionistisches Zeitalter die geschichtliche Unmöglichkeit des Staatsvertragsgedankens und Naturzustandes der Freiheit. Für das gesamte Naturrecht war die gesellschaftliche Organisation, der Staat, eine Beschränkung der ursprünglichen Freiheit gewesen. Unserem Zeitalter erscheint der Staat gerade als die soziale Form, in die der Mensch aus wilden Anfängen durch Jahrtausende der Kultur hineingewachsen ist und durch die Freiheit erst ermöglicht wird. Die Freiheitsrechte erkennen wir deshalb heute nicht mehr als Naturrechte, sondern als Kulturrechte, nicht mehr als ursprünglich dem Individuum anhaftend, sondern als durch die Entwicklung der politischen Kultur ihm von der Gemeinschaft zugewachsen. Erst durch die schützende *Macht* des Staates wird die gleichmäßige *Freiheit* der einzelnen gewährleistet. Weil wir nicht mehr das Individuum als allein werthaft anerkennen, vielmehr dem die Generationen überdauernden Staate Eigenwert zuschreiben, gehen wir bei Betrachtung der menschlichen Verbände nicht ausschließlich vom einzelnen aus, kennen wir nicht allein die politischen Grundrechte, sondern auch Grundpflichten des Deutschen von der gleichen Würde.

Die einzelnen Sätze des so überschriebenen Verfassungsteiles haben eine verschiedene *juristische Bedeutung*. Im Ganzen muß dieser Abschnitt als ein „Niederschlag der deutschen Rechtskultur“[2] aufgefaßt werden, als die programmatische Bekenntnisgrundlage des Deutschen Reichs. Es sollten, wie sich der Berichterstatter bei der Verfassungsberatung ausdrückte, „gewisse elementare Wahrheiten unserer Rechtskultur für würdig gehalten werden, aus dem Alltag der gewöhnlichen Gesetzgebung herausgehoben zu werden an die feierliche Stelle der Verfassung“.[3] So kommt es, daß einige dieser Grundrechte tatsächlich ‚nur‘ sittliche Grundsätze und kein Recht zum Inhalt haben;[4] andere sind lediglich Grundsätze für das Handeln des Gesetzgebers, die dem einzelnen an sich noch keinen juristischen Anspruch gegen den Staat verschaffen;[5] wieder andere zwar Grundrechte, die den Gesetzgeber zum Erlaß eines entsprechenden Gesetzes juristisch verpflichten, dem einzelnen aber ebenfalls noch keinen Anspruch darauf gewähren.[6] Der Gesetzgeber aber wird durch einen Verfassungszusatz insofern rechtlich verpflichtet werden, als er ein diesem Satz widersprechendes Gesetz ohne Verletzung der Verfassung nur dann erlassen kann, wenn er den erschwerten Weg der Verfassungsänderung beschreitet (Art. 76). Echte Grundrechte und Grundpflichten sind diejenigen, die dem Individuum juristisch Ansprüche auf ein Tätigwerden oder Unterlassen der Staatsgewalt verleihen.[7] Wie eine Verfassungsbestimmung im Einzelfalle juristisch zu bewerten ist, ob sie lediglich eine Anweisung an den Gesetzgeber oder bereits geltendes nur objektives oder subjektives Recht ist, kann zweifelhaft sein. Eine Anzahl von Grundrechten sind nicht nur Rechte der ‚Deutschen', sondern auch der in Deutschland sich aufhaltenden Ausländer.[8]

III. Gliederung

Der zweite Hauptteil der Verfassung bildet die politische Gesinnungsgrundlage des Deutschen Reiches, wie sie im Laufe der geschichtlichen Entwicklung aus den Kämpfen der gesellschaftlichen Ideale und Interessen herausgewachsen ist. Als Ausgleich historisch gewordener Gegensätze sind die Grundrechte einer abstrakt logischen Gliederung nicht zugänglich: Wir können die an ihnen waltende Vernunft nur dadurch erkennen, daß wir ihrem Wege in der Geschichte bescheiden nachgehen. Dann sehen wir in der Entwicklung des modernen Staates seit dem Absolutismus hintereinander vier Ideen, vier Bewegungsrichtungen der Geschichte sich auswirken: die liberale, demokratische, nationale und soziale Idee. Diese nicht transzendenten, sondern der Entwicklung immanenten Ideen sind abzulesen sowohl an ihrer politischen wie wirtschaftlichen, künstlerischen, religiösen, wissenschaftlichen, mit einem Wort gesellschaftlichen Auswirkung; diesen heute lebendigen und in dem Grundrecht zum Ausdruck gelangenden Ideenkreisen sind die Grundrechte einzuordnen.

Die *liberale Idee*, in ihrer geschichtlichen Auswirkung bereits oben kurz gekennzeichnet, entspricht dem einen Grundzuge der ‚gesellig-ungeselligen Natur' der Menschen,[9] seiner *individualistisch-kosmopolitischen Tendenz*. Die Kultur muß nach einer Richtung aufgefaßt werden als ‚Prozeß der Umwandlung des Rassenmäßigen zum Reflektierten'.[10] Der sich von den ursprünglichen Kollektivvorstellungen loslösende, zu autonomem Bewußtsein gelangende Mensch kommt zur Überzeugung, daß seine geklärte Vernunft, sein gereinigtes Gefühl, sein Sittlichkeits- und Rechtsbewußtsein nichts andres als seine Menschennatur sei, menschliche Allgemeingültigkeit besitze. Es entsteht die Vorstellung vom allgemeingültigen Sittengesetz und Naturrecht.

Der liberale Gedanke, die natürliche Freiheit des Individuums vom Staate, meist bürgerliche Freiheit genannt, erfährt seine Verwirklichung wesentlich durch den politischen und wirtschaftlichen Aufstieg des Bürgertums, das sich in Deutschland gegen die bevormundende und nicht selten vergewaltigende Macht des absoluten Polizei- oder Wohlfahrtsstaates zur Wehr setzt und die Beseitigung der Reste der feudalen Gesellschaft und Wirtschaft fordert. Die bürgerliche Gesellschaft, in erster Linie als Wirtschaftsgesellschaft mit ihren revolutionären kapitalistischen Wirtschaftsformen, verlangt Freiheit vom bevormundenden Absolutismus, vom merkantilistischen Staat. Der Staat soll, so lautet die Forderung Wilhelm v. Humboldts, des berühmtesten Wortführers der liberalen Idee, die Ordnung des Zusammenlebens grundsätzlich dem ‚freien Spiel der Kräfte'[11] überlassen und um „keinen Schritt weiter" die Freiheit der Individuen beschränken, „als zu ihrer Sicherstellung gegen sich selbst, und gegen auswärtige Feinde notwendig ist".[12] Es war das Ideal des liberalen Rechtsstaates im Sinne eines Staates, der lediglich Recht setzt, Recht spricht und Schutz nach außen gewährt, alles andere aber der freien Übereinkunft der einzelnen überläßt. Ein Ideal, von dem nur ein kurzer Weg zur Bestreitung der Notwendigkeit auch dieser Staatsaufgaben, zum Anarchismus, führt.

Kraft dieser liberalen Idee ist jeder Mensch als Mensch rechtlich frei. Diese, eine rechtliche Sklaverei ausschließende freie Persönlichkeit ist ein Zustand des Menschen, der die Grundlage aller seiner sonstigen Rechte und Pflichten bildet. Der Liberalismus allerdings forderte nicht absolute Freiheit vom Staate, sondern, wie schon Humboldt sagt, „Sicherheit", „Gewißheit der gesetzmäßigen Freiheit",[13] eine Rechtsschranke gegen willkürliche Gebote oder Verbote der Organe des Polizeistaates; er fordert den Rechtsstaat im Sinne eines Gemeinwesens, in dem alle Organe nur auf Grund eines Gesetzes dem Bürger befehlen dürfen, das sog. *Prinzip der Gesetzmäßigkeit der Verwaltung*. Wenn die Bindung der Verwaltung an Gesetze eine Freiheitsgarantie bedeuten sollte, dann mußte gefordert werden, daß die gesetzgebende Gewalt an ein anderes

Organ zu übertragen sei, wie die Verwaltung, die rechtsprechende Gewalt aber von beiden möglichst unabhängig sein solle (Montesquieus *Gewaltverteilungslehre*). Denn alle Freiheitsrechte können den einzelnen immer nur gegen ungesetzliche Eingriffe der Verwaltung und Rechtsprechung schützen, nicht aber gegen den das bestehende Recht (auch Verfassungsrecht durch qualifizierte Majorität) abändernden Gesetzgeber. Allerdings ist die Gewalt des modernen Staates als einheitliche zu denken; ihre drei Funktionen sind aber dem Grundsatze nach an verschiedene Organe verteilt, so daß jeder Bürger einen Anspruch darauf hat, daß die Staatsorgane nur dann und nur soweit in seine persönliche Freiheit eingreifen, als das Gesetz die Organe dazu ermächtigt.

Die liberale Idee ist an sich noch an keine bestimmte Staatsform geknüpft. Eine absolute Monarchie, die sich streng an den Grundsatz der gesetzmäßigen Verwaltung hält, widerstrebt der liberalen Idee nicht, wohl aber der *demokratischen Idee*, die Freiheit über den Staat, Teilnahme der Regierten am Regiment fordert, der politischen, staatsbürgerlichen, auch Freiheit der Regierten genannt. Diese fordert, um mit ihrem berühmtesten Vertreter, mit Rousseau zu sprechen, daß das Staatsoberhaupt „aus den einzelnen, aus denen es besteht, gebildet wird".[14] Die demokratische Idee findet ihre Verwirklichung in der Volkssouveränität, die im Gegensatz zur monarchischen Idee alle öffentliche Gewalt vom Volke und nicht von einem durch sich selbst berechtigten Monarchen (‚von Gottes Gnaden') ableitet. Sie fordert die Republik oder zumindest parlamentarische Monarchie, in der ebensowohl die gesetzgebende Gewalt, sei es mittelbar (durch Volksvertreter) oder unmittelbar (Volksentscheid, Volksbegehr), wie die richterliche Gewalt (durch Geschworene, Schöffen oder gar allgemeine Richterwahl) und administrative Gewalt (Beamtenwahl, Selbstverwaltung, Räte) vom Volke ausgeht. Der soziale Träger auch dieser Idee war in Deutschland bis 1848 etwa das Bürgertum, das vom Absolutismus Mitherrschaft verlangt und mit den bisher allein politisch berechtigten adligen Ständen ‚gleiches Recht' haben will. Nachdem das Bürgertum diese Mitherrschaft wenigstens dem

Grundsatz nach erlangt, geht die demokratische Forderung an den vierten Stand, an das Proletariat über.

Die Französische Revolution hatte neben die liberale Freiheit die demokratische Gleichheit und die kosmopolitische Brüderlichkeit auf ihre Fahnen geschrieben, zugleich aber den nationalen Imperialismus eines Napoleon gezeugt, dessen Weltmachtsgelüste den europäischen Völkern, insbesondere den Spaniern, Deutschen und Italienern die Bedeutung des Staates für ihre nationale Kultur hart, aber unwiderlegbar bewiesen. Die *nationale Idee* tritt zum erstenmal in der Geschichte als politische Idee auf, zum erstenmal wird ‚ein Staat, ein Volk', Nationalsouveränität als politische Freiheit einer Kulturgemeinschaft nach außen gefordert. Die Nation wird nicht mehr als die Summe der einzelnen, sondern als eine Kulturgesamtheit betrachtet, die zu ihrer Selbstbehauptung der rauen Schale der Staatsmacht bedarf. Diese nationale Idee hat den belgischen, norwegischen, griechischen, die nationalen Staaten der Balkanhalbinsel geschaffen, sie hat Deutschland und Italien geeint, die österreichisch-ungarische Monarchie in Nationalstaaten aufgelöst und Polen, Tschechen und Südslawen zu Staaten verholfen. Sie wirkt im 19. Jahrhundert der liberal-individualistischen Entwicklungsrichtung als der zweite Grundzug der gesellig-ungeselligen Menschennatur entgegen, als *autoritär-gemeinschaftliche* Entwicklungstendenz. Sie bildet im modernen Nationalstaate die sittliche Grundlage aller dem Gliede von der Gesamtheit auferlegten Grundpflichten. Der soziale Träger auch dieser Idee ist in Deutschland das Bürgertum, das dabei in der ersten Jahrhunderthälfte mit dem partikularen Landesherrn und zum Teil auch mit dem Adel, in der zweiten Hälfte mit der Arbeiterschaft in Konflikt gerät.

Die liberale Idee hatte jedem Individuum eine formalrechtliche Freiheit vom Staate, die demokratische Idee wenigstens jedem die gleiche öffentliche Rechtsmacht zugebilligt, und doch wird das 20. Jahrhundert von der furchtbaren Gefahr der sozialen Revolution bedroht. Das *laisser aller*, die Freiheit der Wirtschaft vom Staate war als Naturrecht der Vernunft gefordert worden; jedes Wirtschaftssubjekt, meinte man, sollte nur frei seinem

Selbstinteresse nachgehen, eine prästabilierte Harmonie garantiere dann schon die Symphonie der Gesellschaft. Was einst Vernunft war, wurde durch die Entwicklung der Maschinenwirtschaft Unsinn, und die einstmalige Wohltat der Freiheit wurde für den wirtschaftlich Schwachen zur Plage. Das Beispiel Frankreich, das von 1789–1815 zehn verschiedene Verfassungen besessen hatte, ohne die wirkliche Gesellschaft wesentlich zu verändern, lehrte die Erkenntnis, daß die soziale Ordnung weniger durch juristisch-abstrakte Verfassungskämpfe, als im materiell-wirtschaftlichen Machtkampf hergestellt wird. Die proletarisierte Klasse muß nun notwendig darauf ausgehen, wie Lorenz v. Stein zum erstenmal in Deutschland noch vor Marx erkannt hat, „die Staatsgewalt als Mittel für gesellschaftliche Förderung", „als Bedingung gesellschaftlicher Freiheit" zu betrachten, „um vermöge der Staatsgewalt ihre gesellschaftliche Stellung zu einer nicht mehr abhängigen, das heißt ihre Mitglieder zu Teilnehmern am Kapitale der Nation zu machen".[15] Diese *soziale Idee* ist die folgerichtige Fortführung der politischen zur wirtschaftlichen Demokratie. Die erstere hat die politischen Stände beseitigt, die letztere wendet sich gegen die wirtschaftlichen Klassen. Der gesellschaftliche Träger dieser Idee ist die Handarbeiterschaft, ihr unmittelbarster politischer Gegner ist die liberale „Nachtwächteridee" des Staates, dessen Zweck die „Bourgeoisie" lediglich darin erblicke, „die persönliche Freiheit des einzelnen und sein Eigentum zu schützen".[16] Sie will somit den reinen Rechtsstaat zum demokratisch-sozialen Wohlfahrtsstaat dadurch umwandeln, daß sie die ‚Anarchie der Produktion' durch eine gerechte Ordnung des Wirtschaftslebens zu ersetzen strebt und zu diesem Ziel das Privateigentum möglichst weitgehend beschränkt. In dieser Entwicklung, die durch den ‚Kriegssozialismus' mächtig gefördert und durch die Revolutionen in Rußland, Österreich und Deutschland ihren ersten verfassungsmäßigen Ausdruck gefunden hat, stehen wir mitten drin.

[Zuerst veröffentlicht in: *Teubners Handbuch der Staats- und Wirtschaftskunde*, 1. Abteilung (Staatskunde), Band 2, Heft 1, Leipzig 1924, S. 1–23 (gekürzt)].

Anmerkungen

1 [Wessen Gebiet, dessen Religion].

2 [So Adelbert Dühringer, zitiert in: *Verhandlung der verfassungsgebenden Deutschen Nationalversammlung, Band 336, Anlage 391, Bericht des Verfassungsausschusses*, Berlin 1920. Wortprotokoll der Sitzung vom 28. Mai 1919, S. 370].

3 [So Konrad Beyerle, zitiert in: *Verhandlung der verfassungsgebenden Deutschen Nationalversammlung*, Band 328, Berlin 1920. Wortprotokoll der Sitzung vom 11. Juli 1919, S. 1504 B].

4 Vgl. Art. 119, Abs. 1; Art. 157 WRV [Weimarer Reichsverfassung].

5 Art. 109, Abs. 1; Art. 152, Abs. 1 WRV.

6 Art. 109, Abs. 5 und 6; Art. 121 WRV.

7 Sogenannte Subjektive öffentliche Rechte und Pflichten, z.B. Art. 111; 123; 135 WRV.

8 Z. B. Art. 114; 135 WRV.

9 [Immanuel Kant, *Idee zu einer allgemeinen Geschichte in weltbürgerlicher Absicht* (1784), in: ders., *Werkausgabe Band XI*, herausgegeben von Wilhelm Weischedel, Frankfurt am Main 1977, S. 38].

10 [Jakob Burckhardt, *Weltgeschichtliche Betrachtungen*, 3. Auflage, Stuttgart 1918, S. 56].

11 [Wilhelm von Humboldt, *Ideen zu einem Versuch die Gränzen der Wirksamkeit des Staats zu bestimmen* (1792), in: ders., *Gesammelte Schriften*, herausgegeben von der Königlich-Preußischen Akademie, Band 1, Berlin 1903, S. 113].

12 [Humboldt, *Ideen*, S. 129].

13 [Humboldt, *Ideen*, S. 179].

14 [Jean-Jacques Rousseau, *Der Gesellschaftsvertrag* (1762), Stuttgart 2020, S. 21 (Buch 1, Kapitel 7)].

15 [Lorenz von Stein, *Geschichte der sozialen Bewegung in Frankreich von 1789 bis auf unsere Tage* (1850), neu herausgegeben von Harald Bluhm, Band 1, Berlin 2016, S. 53].

16 [Ferdinand Lassalle, *Arbeiter-Programm. Über den besonderen Zusammenhang der gegenwärtigen Geschichtsperiode mit der Idee des Arbeiterstandes* (1862), mit einer Einleitung von Hermann Heller, Leipzig 1919, S. 65].

2. Sozialismus und Nation

„Freiwillige Abhängigkeit ist der schönste Zustand, und wie wäre der möglich ohne Liebe."[1]

I. Vom Wesen des Sozialismus

Warum bin ich Sozialist? Weil es mir schlecht und anderen gut geht? Oder weil mein politisches, sittliches und religiöses Denken nur ein Spiegelbild meiner wirtschaftlichen Lage ist? Gewiß, das mag bei der großen Masse der Menschen richtig sein. Sind es aber die einzigen und wesentlichen Begründungen des Sozialismus? Nein, antwortest du, ich bin Sozialist, weil ich erkannt habe, daß der zwangsläufige Fortschritt der Produktionsverhältnisse zum Sozialismus führen muß. Wie auf die feudale die kapitalistische, so muß auf diese die sozialistische Gesellschaftsordnung folgen. Muß?! Woher diese Gewißheit? Aus der Wissenschaft kannst du sie nicht haben; denn die Wissenschaft kann bestenfalls gewisse Tendenzen, Bewegungsrichtungen der Geschichte aufzeigen, denen gegenüber du dich entscheiden mußt. Sie kann dir weder beweisen, daß du morgen leben wirst, noch, daß die Erde nach den nächsten zwei Stunden existieren wird. Gesellschaftliche Produktionsverhältnisse aber heißen zu deutsch: gesellschaftliche Arbeitsverhältnisse, und diese sind nichts anderes als das Zusammenwirken lebendiger Menschen. Muß deshalb nicht der Mensch sich entscheiden, muß er nicht selbst dazu mitwirken, daß sein seelisch-geistiges Verhältnis zur Arbeit sich ändert?

Sicherlich ist es richtig, daß das gesellschaftliche Dasein der Menschen ihr Bewußtsein durchschnittlich stärker bestimmt als umgekehrt. Selbst wenn man aber dieses Verhältnis von Sein und Bewußtsein zugibt, so muß man sich gerade an den Persönlichkeiten eines Marx, Engels oder Lassalle die gewaltige Bedeutung eines sittlich gestaltenden Bewußtseins für die Entstehung neuer Gesellschaftsordnungen klarmachen. Sind doch diese Söhne der Bourgeoisie der lebendige Beweis dafür, daß der Sozialismus nicht nur eine Magen- und Massenfrage ist, und daß es gerade die großen Führer sind, die Epoche machen eben deshalb, weil sie ihr sittliches Bewußtsein über ihr gesellschaftliches Dasein zu erheben vermögen. Marx, der Sohn des wohlhabenden rheinischen Rechtsanwaltes, verheiratet mit der Schwester des preußischen Innenministers, ausgestattet mit allen Möglichkeiten eines bequemen gesellschaftlichen Daseins und doch durch sein sittliches Bewußtsein in das Londoner Exil verbannt, wo er einmal seinen Rock versetzt, um Schreibpapier zu kaufen, ein andermal einen Zeitungsartikel nicht schreiben kann: „weil ich den Penny nicht hatte, um Zeitung lesen zu gehen", am Begräbnistage seines einzigen geliebten Knaben zu benachbarten Franzosen laufen muß, um Geld für die Beerdigung zu pumpen, und dennoch zwei Anträge Bismarcks, die ihm eine gesellschaftliche Existenz hätten bieten können, ohne Besinnen abweisend, in seine Arbeiten gewühlt, mit denen er einen Erdteil umwälzt! Wer vor der Gewalt dieses, das kapitalistische Dasein zermalmenden Führerbewußtseins, wer vor der Größe dieser sittlichen Kraft sich nicht in Ehrfurcht neigt, der hat weder vom Wert und der Würde des großen Menschen einen Hauch verspürt, noch hat er das geringste verstanden von der Bedeutung des großen Führers für das Werden und Vergehen geschichtlich-gesellschaftlicher Lebensformen.

Was uns an dem Bilde eines Marx erschüttert, ist sein leidenschaftlicher Wille zur Gerechtigkeit. Er war der mächtigste Antrieb in ihm, der ihn auf die niedrigen Vorteile eines bequemen Lebens verzichten ließ und ihm die Kraft gab, für die Befreiung eines unterdrückten Menschentums zu kämpfen und zu leiden. Im Bewußtsein eines jeden Menschen sind diese sittlichen Gründe, für oder gegen eine bestimmte Ordnung der gegenseitigen Beziehungen, die entscheidenden. Daß der Sozialismus die unbedingt nützlichere oder die mit naturnotwendigem Zwange eintretende Ordnung ist, kann zunächst einmal niemandem bewiesen werden. Ganz abgesehen davon, daß unter Tausenden immer nur einer sein wird, der das begriffliche Rüstzeug besitzt, um solchen Beweisen folgen zu können, wäre mit solchen Beweisen auch noch sehr wenig gewonnen; denn fraglich wäre es, ob dadurch die gestaltende Tätigkeit vermehrt oder unmittelbar belebt würde, und darauf gerade kommt alles an. Daß aber der Sozialismus die menschenwürdigere und gerechtere Ordnung der Lebensbeziehungen bedeutet, daß die wirtschaftliche Gesinnung und gesellschaftliche Form des Kapitalismus ein Vandalismus ist, mit dieser Erkenntnis können wir sowohl dem vielleicht entmutigten und erschöpften Arbeiter wieder Kraft und Schwung zu seiner Befreiung geben, als auch die gesellschaftlichen Kampfmittel gegen die Verteidiger jener kapitalistischen Lebensformen verstärken. Sittliche Überzeugungen sind gewaltige Mächte! Marx selbst hat an sie immer wieder appelliert, wenn er seine große Anklage schleuderte gegen Unterdrückung, Ausbeutung, Hartherzigkeit, Habgier und Profitsucht und von der ‚großen Pflicht' der Arbeiterklasse zur Eroberung der politischen Macht spricht. Die letzte Begründung des wahren Wesens des Sozialismus liegt uns also in der Idee der gesellschaftlichen Gerechtigkeit, in dem Willen zu gegenseitiger Hilfe und gerechter Gemeinschaft, in der sittlichen Gestaltung unserer gegenseitigen Beziehungen.

Weil wir aber wissen, daß der Mensch durch sein gesellschaftliches und insbesonders durch sein wirtschaftliches Dasein durchschnittlich und auf die Dauer stärker beeinflußt wird, als durch sein sittliches, religiöses oder sonstiges Bewußtsein, so müssen wir, wollen wir ganze Menschen schaffen helfen, von der juristisch-formalen Gerechtigkeit fortschreiten zur wirtschaftlich-materiellen. „Man hat", um mit Fichte zu sprechen, „...die Aufgabe des Staates bis jetzt nur einseitig und nur halb aufgefaßt, als eine Anstalt, den Bürger in demjenigen Besitzstande, in welchem man ihn findet, durch das Gesetz zu erhalten. Die tiefer liegende Pflicht des Staates, jeden in den ihm zukommenden Besitz erst einzusetzen, hat man übersehen. Dieses letztere aber ist nur dadurch möglich, daß die Anarchie des Handels ebenso aufgehoben werde, wie man die politische allmählich aufhebt."[2] In der Gestaltung der Wirklichkeit muß also die Idee der genossenschaftlichen Gerechtigkeit bezogen werden auf das zu gestaltende Material, insbesondere auch auf die Erzeugung und Verteilung der wirtschaftlichen Güter. Ein Idealismus, der in unserer Zeit diese Wirklichkeitswendung zur Wirtschaft nicht mitmacht; ein Idealismus, der, um ganz konkret zu reden, vor der Lohnfrage oder dem Arbeitslosenproblem versagt, ein solch wirklichkeitsfremder Idealismus betrügt entweder sich oder andere und kann uns augenblicklich gestohlen werden. Fichtes Idealismus war aus anderem Holze als der so vieler unserer heutigen Gebildeten. „Der Mensch soll arbeiten", sagt eines seiner bekannten Worte, „aber nicht wie ein Lasttier, das unter seiner Bürde in den Schlaf sinkt, und nach der notdürftigsten Erholung der erschöpften Kraft zum Tragen derselben Bürde wieder aufgestört wird. Er soll angstlos, mit Lust und Freudigkeit arbeiten, und Zeit übrig behalten, seinen Geist und seine Augen zum Himmel zu erheben, zu dessen Anblick er gebildet ist."[3] Dieser Idealist wußte auch, daß im organisatorischen Aufbau der gerechten Gemeinschaft der Weg vom Materiellen zum Ideellen, von unten nach oben gegangen werden muß: „Die Mitglieder der Regierung, sowie die des Lehr- und Wehrstandes sind bloß um der ersten [der ökonomischen Produzenten] willen da."[4] Wer Fichte kennt, weiß auch, wie weit der Sozialismus trotzdem von einer Verdauungsphilosophie entfernt ist.

Jedes Ideal vermag sich nur im Kampf mit den gegebenen gesellschaftlichen Machtverhältnissen durchzusetzen. Die gegenwärtigen gesellschaftlichen Machtverhältnisse sind verwirtschaftlicht in der Weise, daß einzelne Individuen und Gruppen durch ihre wirtschaftliche Macht zugleich tatsächlich die Herrschaft über den Staat besitzen. Das kapitalistische Unternehmertum organisiert seine privatrechtliche Eigentumsmacht an den Produktionsmitteln in Trusts und Kartellen, mittels welcher es die Staatsmacht auf sehr vielen Gebieten völlig auszuschalten, auf anderen sehr wesentlich zu beschränken vermag. So übt schließlich Agrar-, Industrie- und Finanzkapital – man werfe nur einen Blick auf die Vereinigten Staaten von Amerika –, trotz aller demokratischen Staatsformen, eine weitgehende einseitig wirtschaftliche Herrschaft über die staatliche Gesamtheit aus, deren Gefahr für eine lebendige Kultur kaum überschätzt werden kann. Sozialismus heißt gerechte Herrschaft der Gemeinschaftsautorität über die Wirtschaft. Die Arbeiterschaft im weiten Sinne wird, auch wenn sie die organisierte staatliche Macht verfassungsmäßig in Bewegung zu setzen vermag, den Gedanken der genossenschaftlichen Gerechtigkeit nur dann zur Durchführung bringen können, wenn der Staat und andere öffentliche Körperschaften über wirtschaftliche Eigenmacht verfügen, wenn der Privateigentumsmacht ein öffentliches, sozialistisches, wenn auch nicht notwendig staatliches Eigentum entgegengesetzt zu werden vermag.

Der Sozialismus wendet sich gegen die Klassenherrschaft. Gegen die Klassenherrschaft, in der über den Anteil an Erziehung und Bildung, an gesellschaftlicher Macht und Ehre nicht persönliche Begabung und Fähigkeit in erster Linie entscheiden, sondern vornehmlich äußere, wirtschaftliche Verhältnisse. Die Klassenbildung ist durchaus keine Naturtatsache, wie die liberale Gesellschaftslehre und auch der Nationalsozialismus meinen, sie ist nicht einfach der Ausdruck der persönlichen, natürlichen Ungleichheit der Menschen, sondern ruht auf bestimmten wirtschaftlichen Ursachen – insbesonders auf dem Besitz oder Nichtbesitz der Arbeitsmittel –, also auf gesellschaftlichen Tatsachen, die geschichtlich entstanden und geschichtlich veränderlich sind. Die Gegner, aber auch manch gedankenlose Freunde des Sozialismus sind der Meinung, der Sozialismus bedeute nicht nur Beseitigung der Klassenungleichheit, sondern allgemeine Gleichmacherei. Solchen Unsinn haben Marx und Engels oder sonstige sozialistische Führer nie behauptet. Im Gegenteil: Engels betont mit aller Schärfe, daß der Inhalt der sozialistischen Gleichheitsforderung einzig und allein die Abschaffung der Klasse ist. „Jede Gleichheitsforderung, die darüber hinausgeht, verläuft notwendig ins Absurde."[5] Und Marx sagt: „Dies *gleiche* Recht ist ungleiches Recht für ungleiche Arbeit. Es erkennt keine Klassenunterschiede an, weil jeder nur Arbeiter ist wie der andre; aber es erkennt stillschweigend die ungleiche individuelle Begabung und daher Leistungsfähigkeit als natürliche Privilegien an."[6]

Der Sozialismus geht also davon aus, daß in und durch die gegenwärtige Wirtschaftsgesinnung und Wirtschaftsform ungeheure Massen „humaner Entwicklung“ (Marx) entzogen, aus dem Zusammenhang der Kultur gerissen sind. Sein Ziel aber ist eine ganze geistige Welt weit entfernt von dem liberalistischen Ideal eines bequemen Nützlichkeitsglückes der größten Zahl. Nicht in einer geruhigen Sattheit sieht er die diesseitige Bestimmung des Menschen, sondern in der individuellen und gesellschaftlichen Steigerung der kulturgestaltenden Kräfte, in der Mehrung der inneren und äußeren Macht des Menschen. Auch dafür kann er sich auf Fichte berufen, der als höchsten sittlichen Vernunftzweck Kultur bezeichnete, und zwar Kultur als ein Herrschaftsrecht eines jeden Menschen über die äußere und innere Natur, als „die fortzuerweiternde Herrschaft über die Natur, die das Recht aller ausmacht ...; über die *äußere* Natur, Verbesserung des Ackerbaus, der Künste und Gewerbe, stets im richtigen Verhältnisse zueinander; über die *innere*, allgemeine Bildung des Verstandes und des Willens aller“.[7] Gesteigerte Lebendigkeit der Seele und des Geistes fließen aber nur aus einer tiefen Verbundenheit des Menschen mit dem Menschen. Gerade diese Verwurzelung hat die kapitalistische Revolutionierung zerrissen. Der Sozialismus kämpft deshalb gegen den Geist der kalten Rechenhaftigkeit, der die heutigen Gegenseitigkeitsbeziehungen völlig beherrscht. Der Sozialismus ist der Ausdruck der tiefen, im Menschengeschlecht nie ersterbenden Sehnsucht nach Verinnerlichung des Verhältnisses von Mensch zu Mensch; er ist im letzten der Wunsch nach Umgestaltung der äußeren Gesellschaft in innere Gemeinschaft. Daß das Entstehen einer solchen sozialistischen kulturtragenden Gemeinschaft mit gesellschaftsorganisatorischen Maßnahmen noch keineswegs erreicht werden kann, daß dazu eine Erneuerung der viel tieferliegenden seelisch-sittlichen Fundamente unumgänglich ist, soll an dieser Stelle nur angedeutet werden. Das entscheidende Problem des Sozialismus wird sein die Umwandlung des kapitalistischen Proletariers, der vom Verkauf seiner Ware Arbeitskraft, ohne innere Beziehung zur Arbeit und ohne tiefere Verknüpfung mit einer lebendigen Gemeinschaft dahinlebt, in den sozialistischen Arbeiter, den sein Gefühl und Bewußtsein in engere und weitere konkrete Lebens- und Arbeitsordnungen bindet, dem feste Gemeinschaften Hilfe und Rückhalt bieten, dem sie Arbeitsfreude und Verantwortungsbewußtsein erwecken. Die Idee der gerechten Gemeinschaft hat allgemeine, nicht nur auf eine Klasse oder Nation bezogene Gültigkeit. Es soll vielmehr, wie Fichte sagt, „dargestellt werden ein wahrhaftes Reich des Rechts, wie es noch nie in der Welt erschienen ist, in aller der Begeisterung für Freiheit des Bürgers, die wir in der alten Welt erblicken, ohne Aufopferung der Mehrzahl der Menschen als Sklaven, ohne welche die alten Staaten nicht bestehen konnten: für Freiheit, gegründet auf Gleichheit alles dessen, was Menschengesicht trägt".[8]

Die Verwirklichung des sozialistischen Gemeinschaftsgedankens darf von keinem Wunder erwartet werden, am allerwenigsten von dem Wunder der sich selbst vollziehenden Dialektik der Geschichte. Wir sind heute vor persönliche und gesellschaftliche Wirklichkeiten gestellt und haben diese mit Geist und Tat zu durchdringen. Vor keiner dieser Wirklichkeiten dürfen wir in eine unfruchtbare Negation ausbiegen, alle wollen gewogen und positiv oder negativ zum Aufbau verwertet sein. Zu den Wirklichkeiten, mit denen die tatbereite Auseinandersetzung des Sozialismus am dringendsten erscheint, gehört die Nation.

[...]

II. Der Sozialismus und die nationale Staatsgemeinschaft

Die Nation ist in unserer Zeit ein Staatsbildungsprinzip von hervorragendster politischer Bedeutung. Jeder Tag zwingt dem Sozialisten die weittragendsten politischen Entscheidungen auf, die alle von der Beantwortung der Vorfrage abhängen: Wie stehe ich grundsätzlich zum gegenwärtigen Nationalstaat und zum Staat als allgemeiner Erscheinung?

Die sozialistisch-kommunistischen Parteien können aber gegenwärtig keinen politischen Schritt tun, ohne durch eine Staatsphraseologie gehemmt zu werden, die ihnen wie ein Bleiklotz am Beine hängt: die halb irrige, halb mißverstandene

Staatsauffassung von Marx und Engels. In seiner ganzen Breite kann das Staatsproblem im Sozialismus nur in einer viel umfassenderen Arbeit entwickelt werden. Hier müssen kurze Hinweise genügen.

Der Staat ist, wie wir noch genauer darlegen werden, derjenige gesellschaftliche Verband, der das geordnete Zusammenwirken aller gesellschaftlichen Handlungen auf einem bestimmten Gebiet in letzter Instanz sichert. Er ist aus der Gesellschaft ebensowenig fortzudenken wie die Wirtschaft. Eine gesellschaftliche Wirtschaft ist undenkbar ohne den ordnenden Staat, wie ein Staat undenkbar ist ohne gesellschaftliche Wirtschaft. Denn im Grund ist der Staat nichts anderes als die ordnende und geordnete Gebietsgesellschaft.

Woher kommt nun das erstaunliche Staatsunverständnis bei Marx und Engels?

Für unseren Zweck läßt es sich auf einen falschen Gesellschaftsbegriff zurückführen. Man schlage die fünfte und sechste Seite des *Kapitals* auf, und man findet auf diesen zwei Seiten nicht weniger als drei verschiedene Gesellschaftsbegriffe. Die „gesellschaftliche Kombination des Produktionsprozesses",[9] von der Marx hier spricht, verwendet einen Gesellschaftsbegriff, den man am besten als Gegenseitigkeitsverhältnis oder (mathematisch) als Funktion bezeichnen kann; wie sich Zähler und Nenner bedingen, so bedingen sich z. B. in der kapitalistischen Gesellschaft Kapitalisten und Lohnarbeiter. Auf der Seite vorher aber sagt Marx: „die im Durchschnitt notwendige oder gesellschaftlich notwendige Arbeitszeit",[10] gebraucht also Gesellschaft gleich dem Durchschnittlichen, Normalen. Der vorausgehende Satz wiederum lautet: „Die gesamte Arbeitskraft der Gesellschaft...gilt hier als eine und dieselbe menschliche Arbeitskraft, obgleich sie aus zahllosen individuellen Arbeitskräften besteht."[11] Dieser dritte Begriff faßt die Gesellschaft als selbständiges Subjekt, als tätiges Individuum auf und setzt dementsprechend die Summe der Einzelkapitalien gleich dem Kapital eines einzelnen Kapitalisten. Der methodische Sinn wird aus folgendem Satz des *Kapitals* verständlich: „Um den Gegenstand der Untersuchung in seiner Reinheit, frei von störenden

Nebenumständen aufzufassen, müssen wir hier die gesamte Handelswelt als eine Nation ansehen und voraussetzen, daß die kapitalistische Produktion sich überall festgesetzt und sich aller Industriezweige bemächtigt hat."[12] Um eine einzige Seite des menschlichen Lebens idealtypisch, d. h. von allen anderen Seiten isoliert und logisch widerspruchslos, studieren zu können, bedient sich Marx eines in den Kulturwissenschaften vielverwandten Kunstgriffs: Die ganze Menschheit wird vorgestellt als eine Nation, als ein einziges zum Staat organisiertes Volk, also als ein durch diese Organisation handlungsfähiges Subjekt. Zweitens wird diese organisierte Menschheit nur von der wirtschaftlichen Seite und als durchaus auf gleicher wirtschaftlicher Stufe lebend vorgestellt. Mittels dieses Kunstgriffs entdeckt Marx das ökonomische Bewegungsgesetz.

Wer nun dieses ökonomische Wertgesetz unmittelbar auf die gesellschaftliche Wirklichkeit anwendet, bekommt nicht ein einziges richtiges Ergebnis. Denn er vergißt, daß es die Menschheit als einheitliche geordnete Gebietsgesellschaft nicht gibt. Es gibt nur eine große Anzahl verschiedener Gebietsverbände oder Staaten, von denen nicht nur jeder die wirtschaftlichen, sondern auch die sexuellen, ästhetischen, pädagogischen, wissenschaftlichen, religiösen und sonstigen gesellschaftlichen Beziehungen in letzter Instanz ordnet. Die als einheitliches Subjekt organisierte Menschheit aber als Summe der im freien Wettbewerb lediglich kapitalistisch-ökonomisch interessierten Einzelnen war ja nur ein methodisches Hilfsmittel für die ökonomische Wissenschaft von Marx. Die im freihändlerischen Wettbewerb befindliche eine und unterschiedslose Weltwirtschaftsmenschheit ist nichts als eine gedankliche Konstruktion, ein logisches Ideal der Wirtschaftswissenschaft und weiland das gesellschaftliche Ideal des Liberalismus. Denn erstens ist die Menschheit kein organisierter Verband, kein Subjekt, zweitens wirtschaften die Menschen nicht nur, sondern sind auch in jedem Augenblick erotisch, religiös, politisch usw. usw. bestimmt, drittens ist ihr gesamtes, auch wirtschaftliches Verhalten in seiner Gesellschaftsform, in seiner Kulturhöhe und national verschieden.

Was jedoch für uns das Wichtigste ist: Mittels dieser wirtschaftlichen Abstraktion kann man immer nur Gesetze des wirtschaftlichen Handelns finden; die Wirtschaft ist aber nur eine neben anderen Kulturbetätigungen der Menschen. Will ich etwa die Gesetze des religiösen Verhaltens entdecken, so muß ich aus der Gesamtheit Mensch den religiösen Menschen herausschneiden und ihn so betrachten, als ob er unabgelenkt durch wirtschaftliche, politische, ästhetische und sonstige Betätigungsweisen nur religiös sich verhalten würde. Das Gesetz des religiösen Verhaltens ist ein durchaus anderes wie das Gesetz des wirtschaftlichen, politischen und sonstigen Verhaltens. Weil aber Marx und Engels als Wirtschaftswissenschaftler immer nur die Gesetzlichkeit der Wirtschaft sehen, können sie nie zur Eigengesetzlichkeit der anderen Lebenssphären, insbesonders nicht zur Eigengesetzlichkeit der Politik kommen. Ein Beispiel: Die Privatisierung der deutschen Reichsbahn entsprach vielleicht ökonomischen Gesetzen – Stinnes hätte möglicherweise billiger gewirtschaftet –, sie entsprach aber nicht den Forderungen der Politik.

Der Mensch wird aber durch die bunte Fülle von Lebensgesetzlichkeiten nicht nur nacheinander, sondern in jeder einzelnen Handlung gleichzeitig bestimmt. Welche Gesetzlichkeiten haben den politischen Leitartikler bei der Abfassung dieses Zeitungsaufsatzes bestimmt? Sicher auch die Gesetze des wirtschaftlichen Handelns, er befindet sich in einer bestimmten gesellschaftlichen Wirtschaftslage und will persönlich Geld verdienen. Ebenso sicher aber die grammatikalischen und hoffentlich auch die ästhetischen Gesetze der Sprache, er will richtig und gut schreiben. Neben allen anderen wohl auch die Gesetze politischen Handelns; denn er will doch einen politischen Leitartikel schreiben? Sieht er allerdings, wie manche sozialistischen Leitartikler, nur ökonomische Abstraktionen und nicht die lebendige Wirklichkeit, so wird ihm der Staat und alles politische Handeln lediglich als störendes Beiwerk der gesellschaftlichen Ökonomie erscheinen.

Vergegenwärtigt man sich die Vielheit der Lebenssphären und die Mannigfaltigkeit ihrer individuellen Gesetzlichkeiten, so bekommt das theoretische Menschheitsbild sogleich etwas mehr Blut und Wirklichkeitsnähe. Worin besteht die Eigengesetzlichkeit des politischen Handelns? Zum Zwecke ihrer Erkenntnis gehen wir ähnlich vor wie Marx, suchen aber nicht den *homo oeconomicus*, sondern den *homo politicus*. Das Handeln des ersteren wird gedacht als ausschließlich durch wirtschaftliche Bedürfnisse, das Handeln des letzteren als ausschließlich durch politische Bedürfnisse verursacht. Allen den vielfältigen Gegenseitigkeitsbeziehungen der Menschen, mögen sie aus wirtschaftlichen, kirchlichen, sexuellen usw. Bedürfnissen entspringen, ist infolge der Vielzahl der Menschen gemeinsam das Bedürfnis nach einer gebietsgesellschaftlichen Ordnung. Der einzelne steht vielen gegenüber, die fördernd oder hemmend sein Verhalten beeinflussen. Jede durch die Sprache oder sonstwie nach außen betätigte Handlung des gesellschaftlichen Menschen hat in aller Regel Wirkungen, an welchen andere Menschen als Gegner oder Verbündete irgendwie interessiert sind. Sind sie Gegner, sei es wirtschaftliche Konkurrenten oder nur feindliche Anhänger zweier Stenographiesysteme, so besteht die Möglichkeit, daß sie sich in die Haare fahren, wenn keine für sie beide gemeinsame geistige Autorität entscheidet, etwa eine anerkannte Sitte oder eine wissenschaftliche Persönlichkeit. An der Ausschaltung solcher Gewalttätigkeiten hat der Mensch ebensowohl ein ökonomisches wie sittlich-religiöses und allgemeines Kulturinteresse. Er setzt also eine schließlich mit Zwangsgewalt ausgestattete Autorität ein, die auf Grund einer gesellschaftlichen Ordnung zwischen den Gegnern entscheidet und den, der sich der geistigen Autorität nicht fügt, durch die physische Gewalt seiner Organe zur Anerkennung der Ordnung zwingt. Aber auch wenn sie Verbündete sind, auch für alles Gemeinschaftshandeln ist, um ein dauerndes Zusammenwirken der einzelnen auf einem bestimmten Gebiet zu sichern, eine solche autoritäre Ordnung notwendig, solange nicht ausnahmslos alle Menschen das gleiche wollen, fühlen und denken. Ohne diese Utopie wird immer die Möglichkeit bestehen, daß die Gemeinschafter über die Mittel des zu erreichenden Gemeinschaftszieles uneinig werden.

Wir nennen denjenigen menschlichen Verband, der das geordnete Zusammenwirken der menschlichen Beziehungen auf einem geographischen Gebiet in letzter Instanz zwangsweise sichert, Staat. Selbstverständlich gibt es unzählige Arten von gesellschaftlichen Ordnungen sittlicher, religiöser, konventioneller Natur, die ohne das Eingreifen eines Staatsorganes ein gewaltfreies Zusammenwirken in der Regel zustande bringen. In der Regel – aber nicht immer! Und diese gesellschaftlichen Ordnungen, auf die sich die Staatsordnung stützt, würden das gewaltfreie Zusammenwirken auch nicht in der Regel sichern können, wenn ihr geordnetes Ineinandergreifen nicht letzten Endes durch die staatliche Zwangsgewalt garantiert wäre. Unser Bedürfnis nach einer solchen gesellschaftlichen Zwangsordnung ist genau so dringend wie das wirtschaftliche Bedürfnis. Daß, nach einem Worte von Engels, „die Menschen vor allen Dingen zuerst essen, trinken, wohnen und sich kleiden müssen, ehe sie Politik, Wissenschaft, Kunst und Religion betreiben können",[13] ist, was zunächst die Politik anlangt, nur für den Robinson, nicht aber für den gesellschaftlich lebenden Menschen richtig. Der gesellschaftliche Mensch kann eben auch nicht essen, trinken, wohnen und sich kleiden, wenn eine politische Ordnung ihn nicht mindestens vor Totschlag und Raub schützt, darüber hinaus aber auch das Ineinandergreifen der wirtschaftlichen Handlungen sichert. Selbstverständlich ist die Ordnung des Staates, die Rechtsordnung, nur eine unter anderen gesellschaftlichen Ordnungen. Was sie aber vor allen anderen auszeichnet, ist einmal der ihr zur Verfügung stehende organisierte staatliche Zwangsapparat, zum andern ihre umfassende Geltung für ausnahmslos alle gesellschaftlichen Lebensgebiete. Der Staat sichert durch seinen Zwangsapparat das geordnete Zusammenwirken aller gesellschaftlichen Beziehungen auf einem bestimmten geographischen Gebiet. Deshalb muß sich seine Zwangsgewalt nicht nur, wie bei einem Verein, einer Partei oder Gewerkschaft, gegen Verbandsmitglieder, sondern auch gegen Ausländer richten, die sich auf dem Staatsgebiet aufhalten. Durch diese Gebietsherrschaft allein unterscheidet sich der Staat von allen anderen menschlichen Verbänden, nicht etwa durch die Herrschaft oder den Zwang als solchen. Jeder Arbeiter weiß, daß auch die Gewerkschaft herrschaftlichen Zwang zu üben vermag.

Was aber inhaltlich als ‚geordnetes Zusammenwirken' zu gelten hat, das hängt von dem ab, was wir oben die Gesellschaftsform genannt haben, den objektiven materiell-geistigen Kulturzustand. In der Frühzeit des Feudalstaats galt die Blutrache, also die strafrechtliche Anarchie, als geordnetes Zusammenwirken; im kapitalistischen Staat gilt die wirtschaftliche Anarchie als geordnetes Zusammenwirken; im sozialistischen Staat wird ein gerechtes Wirtschaftsrecht diese Wirtschaftsanarchie ebenso beseitigen, wie heute ein verhältnismäßig gerechtes Strafrecht die Anarchie der Blutrache beseitigt hat. Der sozialistische Staat bedeutet souveräne Ordnung der Wirtschaft, nicht allgemeine Staatswirtschaft, noch viel weniger aber Auflösung des Staates in die Wirtschaft.

Der Staat als Sicherung des menschlichen Zusammenwirkens, als der archimedische Punkt über der sonst handlungsunfähigen Gesellschaft, das war die sozialistische Staatsidee Lassalles. Die bourgeoise „Nachtwächteridee" vom Staat, sagte er, sehe den Staatszweck ausschließend und allein darin, „die persönliche Freiheit des einzelnen und sein Eigentum schützen". – „Die sittliche Idee des Arbeiterstandes dagegen ist die, daß die ungehinderte und freie Betätigung der individuellen Kräfte durch das Individuum noch nicht *ausreiche*, sondern daß zu ihr in einem sittlich geordneten Gemeinwesen *noch hinzutreten müsse: die Solidarität* der Interessen, die *Gemeinsamkeit und die Gegenseitigkeit in der Entwicklung*."[14]

Lassalle war der politische Kopf der deutschen Sozialdemokratie gewesen, Marx und Engels waren ihr gesellschaftlich-wirtschaftliches Gehirn. Daß die unpolitische Staatsauffassung über die politische wenigstens theoretisch gesiegt hat, verdankt die deutsche Nation vor allem auch dem Sozialistengesetz. Die durch den bismarckischen Staat völlig rechtlos gemachte Sozialdemokratie geriet dadurch nicht nur in eine Verneinung des bismarckischen Staates, sondern in die Gegnerschaft zum Staate überhaupt. Die erste sozialdemokratische Zeitung Deutschlands hieß der ‚Volksstaat'; seither hat es kein sozialistisches Blatt mehr gegeben, das seinen Namen mit dem des Staates verknüpft hätte. Nicht nur die sozialistische Agitation, sondern auch die sozialistische Theorie ist seitdem auf die Marx/Engelssche Formel vom Staat als Ausbeutungsinstrument eingeschworen, die um so unerträglicher wird, je mehr die Sozialdemokratie schon vor dem Kriege eine positive politische Praxis entfaltete.

Der Streit über Wert oder Unwert des Staates für den Sozialismus muß heute klar und eindeutig entschieden werden. Die Staatsauffassung des Marxismus weist dem Staate nur eine vorübergehende Rolle zu. Indem sie ausnahmslos jeden Staat als Klassenstaat ansieht, stellt sie den proletarischen Klassenstaat als vorläufiges Ziel der sozialistischen Revolution auf. „Das Proletariat", heißt es im *Kommunistischen Manifest*, „wird seine politische Herrschaft dazu benutzen, der Bourgeoisie nach und nach alles Kapital zu entreißen, alle Produktionsinstrumente in den Händen des Staates, d. h. des als herrschende Klasse organisierten Proletariats zu zentralisieren und die Masse der Produktionskräfte möglichst rasch zu vermehren."[15] Der Staat ist also gar nichts anderes als ein Mittel der ökonomischen Unterdrückung, vorher in den Händen der Bourgeoisie, dann in den Händen des Proletariats. Wir wissen schon: Wer nur mittels des ökonomischen Bewegungsgesetzes die gesellschaftliche Wirklichkeit erkennen will, kann die Eigengesetzlichkeit der politischen Sphäre genau so wenig erkennen, wie man durch eine rote Brille blau sehen kann. Ganz gewiß kann und muß der gegenwärtige Staat auch als Klassenstaat und als ein Mittel zur wirtschaftlichen Ausbeutung der einen durch die andere Klasse angesehen werden; diese seine Wirkung ist aber weder eine ausschließliche noch eine notwendige. Der Staat ist seinem gesellschaftlichen Inhalt, seiner soziologischen Wirkung nach überhaupt nichts Feststehendes, sondern wandelt sich dauernd mit dem Gesamtzustande der Gesellschaft. Dauernd ist nur die Form, die Sicherung des geordneten Zusammenwirkens. Selbstverständlich ist diese „wahre und höhere Aufgabe"[16] des Staates nicht bloß als die menschenfreundliche Absicht der Regierungen zu verstehen, sondern sehr tief in den gesellschaftlichen Machtverhältnissen verankert. Sie wird eben, wie Lassalle sagt: „durch den *Zwang* der Dinge, ... auch gegen den Willen seiner Leiter, mehr oder weniger ausgeführt“.[17] Bismarcks Staat mußte sozial, Lenins Staat mußte kapitalistisch gesalbt werden.

Deshalb war aber auch die gesellschaftliche Bedeutung des Staates vor zwei Menschenaltern, als Marx und Engels schrieben, eine völlig andere wie heute. Selbst damals aber hatte die Arbeiterschaft ein Interesse an der Erhaltung des Staates, denn mit seinem Untergange wäre die Gesamtkultur untergegangen und auch das Proletariat hätte nicht die Produktionsmittel in den Händen des Staats zentralisieren können. Das Interesse des Arbeiters am konkreten Staat, nicht nur am ‚Staat überhaupt‘, ist inzwischen ungeheuer gestiegen, der Arbeiter ist mit seinen politischen und noch mehr mit seinen wirtschaftlichen Interessen ein Riesenstück in den bestehenden Staat hineingewachsen. Es ist ungemein billig, allen sozialpolitischen, erzieherischen, arbeitsrechtlichen Staatsmaßnahmen der letzten Generationen gegenüber zu behaupten: all dies liege ja doch nur im Interesse der Bourgeoisie. Zunächst ist es eine Tatsache, daß über die ‚soziale Belastung der Industrie‘, über die arbeitsrechtlichen Schiedsgerichte oder die Arbeitslosenunterstützung nicht die Arbeiterschaft, sondern die Bourgeoisie gezetert hat. Aber selbst wenn es richtig wäre, daß diese Einrichtungen auf weitere Sicht auch im Interesse der Bourgeoisie liegen, bedeuten sie schon deshalb vielleicht weniger einen Vorteil der Arbeiterschaft? Der Sozialismus sehr vieler sogenannter Sozialisten ist nichts als verdrängter Kapitalistenhaß. Solche Antwortgefühle, die nicht aus der Kraft der eigenen Zielsetzung, sondern lediglich aus der Reaktion auf ein Fremdes kommen, sind nur zersetzend, nicht schöpferisch. Wäre diesen Sozialisten die Dialektik der Geschichte mehr als eine Zeitungsphrase, so wüßten sie, daß die Umwandlung einer Gesellschaftsform in die andere niemals in der Weise vor sich geht, daß der Vorteil des Neuen immer der Nachteil des Alten ist. Es ist eine tiefe Vergiftungserscheinung des Sozialismus, wenn er sein Handeln nach dem Grundsatz richtet: Mag es mir zehnmal nützen, ich mag nicht, weil es auch meinem Gegner nützt. Es gibt nur zwei Möglichkeiten: entweder man glaubt an die Verelendungstheorie und an das Wunder vom Kopfsprung des kulturfremden Arbeiters in die Kultur, oder aber man sieht, daß der Arbeiter auch heute schon an dem Dasein, wenn auch gewiß nicht an dem dauernden Sosein des Staates, auf das stärkste interessiert ist. Wer aber meint, er brauche sich für keine von beiden Möglichkeiten zu entscheiden, hat eine verdammte Ähnlichkeit mit Buridans Esel.

Die Praxis der sozialistischen Partei hat sich bereits seit Jahrzehnten für die zweite Möglichkeit entschieden. Nur in der Theorie glaubt man noch immer vor dem marxistischen Staatsbegriff sein Kompliment machen zu müssen. Man sieht nicht, daß gerade dadurch in den Massen das Mißtrauen gegen die Führung entstehen muß. Wenn z. B. die sozialistische Partei auf der einen Seite das ‚Reichsbanner Schwarz-Rot-Gold' fördert, den republikanischen Staat also mindestens als Plattform für eine Zukunftsentwicklung, also für einen zu erhaltenden Wert erklärt, auf der anderen Seite aber die Behauptung aufrechterhält, der Staat sei nichts als eine ‚bürgerliche Ideologie', was soll der Arbeiter nun glauben? Man sieht aber auch nicht, daß auf diese Weise der Sozialismus ewig eine abstrakte Vorstellung bleiben wird. Denn ohne Staat ist überhaupt keine gesellschaftliche, geschweige denn eine sozialistische Wirtschaft denkbar. Wir sahen schon oben, daß die Trennung von Staat und Wirtschaft nur in der abstrakten Konstruktion von Marx möglich ist. Wer das eingesehen hat, bleibt sein Leben lang vor der liberalen Staatsangst bewahrt, die noch so vielen Sozialisten in den Knochen sitzt. Hilferding schrieb schon zu der Zeit, als er die *Freiheit*, das Zentralorgan der stark anarchistisch angehauchten unabhängigen Sozialisten leitete: Die Trennung von Staat und Wirtschaft existiere nur in der Abstraktion, „in der Realität besteht zwischen Staat und Wirtschaft ein unauflösbarer funktioneller Zusammenhang: es gibt nur eine Wirtschaft im Staate, die nur so ist, weil sie in diesem Staate ist, wie anderseits die Beschaffenheit des Staates durch die Wirtschaft bestimmt ist".[18] Die Staatsauffassung der englischen Gildensozialisten bedeute deshalb „einen Fortschritt, weil sie den Staat nicht nur als Klassenstaat kennt, sondern als eine territoriale Organisation, bestimmt und wandelbar je nach dem Einfluß der großen sozialen Klassen auf die Ökonomie und damit auf die Politik. Der marxistische Entwicklungsgedanke kommt hier besser zu seinem Recht als in der Einengung des Staatsbegriffes, die den Staat nur als Klassenstaat und damit nur als Herrschaftsorganisation faßt.“[19] Aber diese Einengung stammt ja von niemand anders als von Marx und Engels, und Hilferding hätte dem Sozialismus einen größeren Dienst erwiesen, wenn er klipp und klar erklärt hätte (was allerdings jeder oberflächliche Kenner herauslesen sollte, aber oft nicht liest), daß er den marxistischen Staatsbegriff damit für endgültig überwunden hält.

Weil diese klare Entscheidung noch immer nicht erfolgt ist und neuerdings Max Adlers *Staatsauffassung des Marxismus* außerordentlich dazu geeignet erscheint, diese dringend notwendige Entscheidung zu hemmen, sei hier die Kritik dieser Auffassung fortgeführt. Der Marxismus unterscheidet bekanntlich zwei Phasen der sozialen Revolution: in der ersten gebraucht das Proletariat den Staat selbst noch als Unterdrückungsinstrument, in der zweiten, in der es keine ökonomischen Klassen mehr gibt, verschwindet der Staat in der Gesellschaft. Diese Entwicklung des Sozialismus von der Wirklichkeit zur Utopie drückt Engels folgendermaßen aus: „Sobald es keine Gesellschaftsklasse mehr in der Unterdrückung zu halten gibt, sobald mit der Klassenherrschaft und dem in der bisherigen Anarchie der Produktion begründeten Kampf ums Einzeldasein auch die daraus entspringenden Kollisionen und Exzesse beseitigt sind, gibt es nichts mehr zu reprimieren, das eine besondere Repressionsgewalt, einen Staat, nötig machte. Der erste Akt, worin der Staat wirklich als Repräsentant der ganzen Gesellschaft auftritt – die Besitzergreifung der Produktionsmittel im Namen der Gesellschaft – ist zugleich sein letzter selbständiger Akt als Staat. Das Eingreifen einer Staatsgewalt in gesellschaftliche Verhältnisse wird auf einem Gebiete nach dem anderen überflüssig und schläft dann von selbst ein. An die Stelle der Regierung über Personen tritt die Verwaltung von Sachen und die Leitung von Produktionsprozessen. Der Staat wird nicht ‚abgeschafft', *er stirbt ab.* Hieran ist die Phrase vom ‚freien Volksstaat' zu messen, also sowohl nach ihrer zeitweiligen agitatorischen Berechtigung, wie nach ihrer endgültigen wissenschaftlichen Unzulänglichkeit; hieran ebenfalls die Forderung der sogenannten Anarchisten, der Staat solle von heute auf morgen abgeschafft werden."[20] An die Stelle des eingeschlafenen Staates tritt dann laut *Kommunistischem Manifest* „eine Assoziation, worin die freie Entwicklung eines jeden die Bedingung für die freie Entwicklung aller ist".[21] Aus der gleichen Vorstellung heraus hat Engels in einem an Bebel gerichteten Brief 1875 die Forderung des ‚freien Volksstaats' im *Gothaer Programmentwurf* als unklares Gerede abgelehnt. „Da nun der Staat doch nur eine vorübergehende Einrichtung ist, deren man sich im Kampf, in der Revolution bedient, um seine Gegner gewaltsam niederzuhalten, so ist es purer Unsinn, von freiem Volksstaat zu sprechen: solange das Proletariat den Staat noch *gebraucht*, gebraucht es ihn nicht im Interesse der Freiheit, sondern der Niederhaltung seiner Gegner, und sobald von Freiheit die Rede sein kann, hört der Staat als solcher auf zu bestehen."[22]

An dieser Marx/Engelsschen Staatsauffassung ist zunächst bemerkenswert, daß sich ihr das logische Idealbild ihrer ökonomischen Theorie, die eine und gleiche kapitalistische Weltwirtschaftsmenschheit als geordnete Gebietsgesellschaft, als Weltstaat, unter den Händen verwandelt in ein ideologisches Zukunftsbild der gesellschaftlichen Praxis. ‚Die gesamte Handelswelt als eine Nation' war doch nur ein methodischer Kunstgriff gewesen; nun aber unterschiebt sie sich als ein im hundertprozentigen Sozialismus lebendes Wirklichkeitsziel. Daher kommt es, daß weder der proletarische Staat noch die zukünftige ‚Assoziation' irgendwelche außenpolitischen Probleme kennen. Des weiteren glaubt der Arbeiter und soll er glauben, daß, sobald nur einmal die ökonomischen Klassenunterschiede fallen, keinerlei Staatsgewalt mehr da sein wird, auch kein ‚freier Volksstaat'. Die eine, gleiche und freie Menschheit wird dann in anarchischer Harmonie ohne jeden Zwang leben und sich vertragen; Staat und Zwang waren nur notwendig zur wirtschaftlichen Ausbeutung. Die Gesellschaft, die die Produktion auf Grundlage freier und gleicher Assoziation der Produzenten neu organisiert, „versetzt die ganze Staatsmaschine dahin, wohin sie dann gehören wird: ins Museum der Altertümer, neben das Spinnrad und die bronzene Axt".[23] Wir sehen hier wieder den dritten, falschen Gesellschaftsbegriff, diese leere, gestaltlose Abstraktion der Gesellschaft als eines handelnden Subjekts.

Wie soll ein sozialistischer Idealzustand, der doch die wirtschaftliche Anarchie beseitigen will, denkbar sein unter gleichzeitigem Eintritt der politischen Anarchie? Dieses Undenkbare sucht neuestens denkbar zu machen Max Adler mit seinem überaus scharfsinnigen, aber durchaus wirklichkeitsfremden und Verwirrung stiftenden Buch über die *Staatsauffassung des Marxismus*. Auch für diese umfangreiche Arbeit ist es kennzeichnend, daß irgendwelche außenpolitischen Aufgaben des Staates mit keinem einzigen Wort erwähnt werden; wir müssen uns also dauernd auf der ideologischen Plattform einer gleichen und einheitlichen Menschengesellschaft weiterbewegen. Wie erklärt uns aber Max Adler das Wunder der staatslosen sozialistischen Menschheitsorganisation? Wird es in ihr keine Interessensgegensätze geben, die eine Zwangsordnung notwendig machen? Gewiß wird es, auch nach Adler, solche geben; aber die sozialistische Wirtschaft, welche „alle Fragen des individuellen Lebenskampfes" gleichmäßig ordnet, „schafft jenes ideologische Milieu, in welchem fortan Majoritätsbeschlüsse nicht mehr als Freiheitsbeschränkung von den Überstimmten empfunden werden".[24]

Daß das Überstimmtwerden nicht weh tut, glauben wir gern. Was geschieht aber, wenn die Minorität sich nicht fügt? Richtig ist so viel, daß dieses Milieu ideologisch ist, weil es uns glauben machen will, daß durch irgendeine gerechte Wirtschaftsordnung: „die prinzipielle Wahrung aller [!] persönlichen Grundinteressen schon vor jeder Abstimmung sichergestellt ist".[25] Hat der Mensch dann keine anderen als ökonomischen Grundinteressen und werden selbst diese nicht durch die Unvernunft, die Leidenschaft oder aber gerade durch eine der Majorität widerstreitende sittliche Überzeugung gestört werden können? „Selbstverständlich", sagt Adler, sich selbst widerlegend, „wird es auch in der kommunistischen Gesellschaftsordnung Störungsmotive geben, die nicht in den Produktions- und Verteilungsverhältnissen wurzeln, Störungen, die aus der sexuellen Sphäre stammen, oder die aus Affekten aller Art, wie Zorn, Eifersucht, Haß oder endlich aus pathologischen Anlagen hervorgehen".[26] Noch mehr: „Dann erst wird das Zeitalter angebrochen sein, in welchem die Menschen erst zu wirklicher menschlicher Feinfühligkeit reif geworden sein werden, und dann wird ihnen vielleicht so manches unerträglich werden, was heute sogar für viele Gebildete ganz erträglich erscheint, zum Beispiel Gleichgültigkeit in Weltanschauungsfragen. Ja, es läßt sich denken, daß sich in Fragen der Metaphysik, der Religion, der Kunst Gegensätze entfaltet werden, von deren wirklich die Menschen erfassenden Intensität wir heute weder Beispiel noch Ahnung haben."[27] Diese Gegensätze sind also da, ohne daß sie aber – und nun zur Beglaubigung des ersten ein zweites Wunder – „jemals sich auf die Bedrohung oder auch nur Schmälerung der persönlichen Existenz erstrecken würden, die eben durch die neue Wirtschaftsgestaltung bei allen diesen Gegensätzen von vornherein ausgeschaltet ist".[28] Ja, kann denn meine persönliche Existenz, wenn sie wirtschaftlich sichergestellt ist, in nichts anderem mehr geschmälert werden? Können mich nun nicht mehr Zorn, Haß, Eifersucht usw. in meiner physischen Existenz gewaltsam schädigen und sogar vernichten? Und muß mir die Unterwerfung unter die Majorität gerade in Fragen der innersten Überzeugung bei so gesteigerter Feinfühligkeit nicht als furchtbarste Schmälerung meiner geistigen Existenz erscheinen? Werden sich alle freiwillig dieser Majoritätsherrschaft unterwerfen, wird man niemand zwingen müssen? Gewiß, meint Adler, wird eine Zwangsordnung auch im Sozialismus nötig sein, wo aber – im Gegensatz zu heute – „Homogenität der [wirtschaftlichen!!] Lebensinteressen besteht, was bei Fehlen von ökonomischen Klassengegensätzen der Fall ist, wird die Zwangsordnung zur *Autonomie* der in ihr Stehenden".[29]

O du drittes, letztes, größtes und herrlichstes Wunder! Nun wissen wir's, worin der „gewaltige Unterschied" liegt: „daß die Zwangsordnung das eine Mal als Herrschaft erscheint, das andere Mal aber als Freiheit".[30] Deshalb also, so fährt Adler fort, wollen die Marxisten diese zweite Zwangsordnung „am liebsten [!] nicht mehr als Staat bezeichnen"!![31] Sehen wir uns noch einen Augenblick diese Freiheitszwangsordnung an. „Freilich", heißt es schließlich bei Adler, „für diejenigen, welche die Autorität oder das Charisma der neuen Lebens- und Arbeitsordnung nicht empfinden, wird der aus ihr hervorgehende Zwang eine Unterdrückung bedeuten und ihnen im Falle ihres Entgegenhandelns auch als Gewalt entgegentreten".[32] Es wird also auch im hundertprozentigen Sozialismus Unterdrückung, eine öffentliche Gewalt, eine Zwangsordnung geben, – alle Wunder waren also nur ein überflüssiger und verwirrender Umweg zu der Erkenntnis: „Die Beseitigung des Staates, von der Marx und Engels reden, ist die des Klassenstaates."[33] Hätte Max Adler diesen Satz schon auf der ersten Seite geschrieben, er hätte sich in diesem Punkte nicht nur die weiteren dreihundert und etliche Seiten ersparen können, sondern hätte ohne verwirrende Umwege auch deutlich gemacht, daß der Sprachgebrauch von Marx und Engels unzulässig ist. So wenig man behaupten darf, daß alle Säugetiere aussterben, wenn man nur die Büffel aussterben sieht, so wenig darf man mit dem Worte Staat Schindluder treiben, wenn man tatsächlich nur den Klassenstaat meint. Schließlich sind wir aber auch noch zu der Feststellung gezwungen, daß, wie schon ein Vergleich der oben zitierten Stellen zeigt, die Adlerschen Ausführungen nicht die ‚Staatsauffassung des Marxismus', sondern die Staatsanschauung Max Adlers darstellen. Hätten Marx und Engels tatsächlich nur an die Beseitigung des Klassenstaates gedacht, so wären sie zu einer ganz anderen Methode gezwungen gewesen und hätten das wohl an einer einzigen Stelle ihrer umfangreichen Schriften zum Ausdruck gebracht, hätten dann auch jedenfalls den ‚freien Volksstaat' nicht als puren Unsinn bezeichnen können.

Auch eine historische Relativierung des Staatsbegriffs ist nicht imstande, die Marx/Engelssche Staatsauffassung zu retten. Gewiß ist es richtig, daß der neuzeitliche Staat dem Mittelalter durchaus unbekannt war. Daraus läßt sich aber keineswegs der Schluß ziehen, daß die abendländische Menschheit den Staat als ordnenden Gebietsherrschaftsverband in Zukunft auch wieder würde entbehren können. Steigende Zivilisation bedeutet steigende Arbeitsteilung und steigenden Verkehr; diese sind nur aufrechtzuerhalten durch eine bewußt gesetzte, planmäßige Ordnung der gesellschaftlichen Beziehungen, die der souverän entscheidende Gebietsherrschaftsverband Staat vornimmt.[34] Am allerwenigsten kann der Sozialist, der eine planmäßige Bedarfsdeckungswirtschaft anstrebt, die ordnende Macht des Gebietsherrschaftsverbandes Staat aus seinem Leitbild streichen.

Man meine nicht, daß es sich nur um einen Wortstreit handle. Die letzte Zielsetzung entscheidet über Charakter der Gesamtbewegung. Es ist glattweg unmöglich, den Arbeiter irgendwie politisch zu erziehen, wenn man ihm die falsche Meinung beibringt, der Staat sei „doch nur eine vorübergehende Einrichtung“ und, „sobald von Freiheit die Rede sein kann, hört der Staat als solcher auf, zu bestehen“.[35] Ein aufbauender Sozialismus muß mit aller Kraft diese anarchistische Zersetzung bannen. Die Marx/Engelssche Staatsauffassung hat, wie noch gezeigt werden soll, mit Absicht den Trennungsstrich zum Anarchismus verwischt. Ihre kritiklosen Nachfolger wagen aber nicht eindeutig zu erklären, daß Sozialismus und Anarchismus eine Fixsternweite voneinander entfernt sind und dementsprechend die Erziehung zum Sozialismus das gerade Gegenteil einer anarchistischen Erziehung darstellt. Noch immer haben unsere Durchschnittssozialisten haargenau das gleiche Unverständnis für Staats- und Machtfragen wie die vormärzlichen Liberalen. Es wäre komisch, wenn es nicht gleichzeitig überaus tragisch wäre, daß diese Staatsnihilisten sich eben dieser liberalen Staatsfurcht wegen als die strammsten unbürgerlichsten Sozialisten vorkommen. Weil es verboten ist, den Staat zu bejahen, gibt man sich die größte Mühe, den Staat als sozialistische Vogelscheuche auszustaffieren. Nur so ist es zu erklären, daß z. B. Engelbert Graf, nachdem er manche richtige Bemerkung über den Staat gemacht hat, zu folgendem Exemplar von gesperrt gedruckter Staatsdefinition kommt: „*Der Staat ist eine Organisation konservativer Elemente, die am Bestehenden interessiert sind.*“[36] Furchtbar! Aber warum konservativ? „Weil jede Form in dem Augenblick, wo sie ins Leben tritt, schon veraltet und überholt ist.“[37] Ja, dann paßt diese Staatsdefinition auch auf jede noch so radikale Partei, auf jede Gewerkschaft, auf jeden Menschen, auf jede Definition von Engelbert Graf und was man sonst will; denn schließlich ist alles Wirkliche Form. Nur der Marx/Engelssche Staatsbegriff ermöglicht es, daß sich eine in der Arbeiterschaft vielgelesene Schrift von Borchardt *Einführung in den wissenschaftlichen Sozialismus* nennen kann, die als Ziel der kommunistischen Gesellschaft aufstellt: „Jeder bekommt, was er haben will.“ „Jeder tut, was er will.“[38]

Sozialismus setzt Bereitschaft zur Ein- und Unterordnung voraus. Bevor dieser verschwommene liberal-anarchistische Utopismus nicht gründlich ausgerottet ist, kann an keinen sozialistischen Aufbau gedacht werden. Marx/Engels wurden zu ihrer Staatsauffassung veranlaßt einmal durch agitatorische Gründe: sie wollten dem Anarchismus den Wind aus den Segeln nehmen. Das geht aus der oben angezogenen Schrift von Engels, sowie aus dem Bebelbrief, mit aller Deutlichkeit hervor: „Der ‚Volksstaat‘ ist uns von den Anarchisten bis zum Überdruß in die Zähne geworfen worden.“[39] Wollen wir den Anarchisten zuliebe die Möglichkeit des Sozialismus untergraben? Die tiefere und ernstere Ursache für den anarchistischen Freiheitstraum ist aber das verfälschte Verhältnis von Idee und Wirklichkeit. Die Idee der Freiheit aller in einer Gemeinschaft, die Idee der Herrschaftslosigkeit ist als kritischer Maßstab, als kulturkritische Idee durchaus berechtigt und als solche auch die Grundlage des Fichteschen Sozialismus. Wer aber eine Idee nicht auf das von ihr zu gestaltende Material bezieht oder bei dieser Beziehung sich nicht darüber im klaren ist, daß dieses Material in einem ewigen und notwendigen Spannungsverhältnis zur Idee verbleibt, ist ein politisch gefährlicher Utopist. Der Widerspruch zwischen Freiheit und Zwang ist nichts anderes als der von jedem Menschen täglich erlebte Widerspruch von

Individuum und Gemeinschaft, also ein Widerspruch, der real zu beseitigen ist nur mit der Aufhebung der menschlichen Gesellschaft. Danach ist die Forderung zu beurteilen, der Staat solle in der Gesellschaft aufgehen, und Marx' Prophetie von einem diesseitigen Paradies, das dann eintritt, wenn der Mensch „die gesellschaftliche Kraft nicht mehr in Gestalt der politischen Kraft von sich trennt".[40] Wir sind Sozialisten, weil wir danach streben, daß so viel an Freiheit und Gleichheit im Menschengeschlechte verwirklicht werde, als sein Gesamtzustand nur immer erlaubt. Wir werden aber im gleichen Augenblick wirklichkeitsfremde und zersetzende Phantasten, wenn wir ohne Respekt vor der Wirklichkeit eine absolute Freiheit und Gleichheit in irgendwelcher Zukunft jemals verwirklichen zu können glauben. Nie und nimmer kann die letzte Sehnsucht unserer Seele durch die Politik befriedet werden. Die endgültige Überwindung aller gesellschaftlichen Gegensätze, die Lösung der aufgezeigten Widersprüche ist nur möglich im Religiösen, wo die Lösung als Erlösung erlebt wird. Absolute Freiheit ist eine religiöse, keine gesellschaftlich-politische Idee. Dem Gegensatz beider Ideen hat Dostojewski in den Gestalten des Heilands und des Großinquisitors in der Erzählung Iwan Karamasoffs den erschütterndsten dichterischen Ausdruck gegeben. Jene Vermischung der religiösen und gesellschaftlichen Lebenssphäre aber verunreinigt die Seele und verdirbt die Politik. Die letzte Harmonie als unmittelbare Zielsetzung einer sozialistischen Gesellschaftsgestaltung ist lediglich das Zeugnis eines unklaren Denkens und eines sentimentalen Fühlens, im ganzen aber der Ausdruck eines unheroischen Charakters, der, unfähig, den uns als Menschen aufgegebenen ewigen Widerstreit innerlich zu ertragen, diesseitige Erlösungen erwartet.

Sozialismus ist nicht Aufhebung, sondern Veredelung des Staates. Der Arbeiter kommt dem Sozialismus umso näher, je näher er dem Staate kommt.

[Zuerst erschienen 1925. Hier in Auszügen abgedruckt nach: Hermann Heller, *Sozialismus und Nation*, 2. Auflage, Berlin 1931].

Anmerkungen

1 [Johann Wolfgang von Goethe, *Die Wahlverwandtschaften* (1809), in: ders., *Sämtliche Werke.* Edition Deutscher Klassiker Verlag. Band 8. Frankfurt am Main 1994, S. 432].

2 [Johann Gottlieb Fichte, *Der geschlossene Handelsstaat* (1800), in: *Fichtes Werke*, herausgegeben von Immanuel Hermann Fichte, Band III, Berlin 1971, S. 453].

3 [Fichte, *Handelsstaat*, S. 422 f.].

4 [Fichte, *Handelsstaat*, S. 405 f.].

5 [Friedrich Engels, *Herrn Eugen Dührings Umwälzung der Wissenschaft* (1878), in: *Marx-Engels-Werke*, Band 20, Berlin 1962, S. 99].

6 [Karl Marx, *Randglossen zum Programm der deutschen Arbeiterpartei* (1875), in: *Marx-Engels-Werke*, Band 19, Berlin 1962, S. 21, Herv. i. O.].

7 [Johann Gottlieb Fichte, *Die Staatslehre* (1813), in: *Fichtes Werke*, herausgegeben von Immanuel Hermann Fichte, Band IV, Berlin 1971, S. 453].

8 [Johann Gottlieb Fichte, *Aus dem Entwurfe zu einer politischen Schrift* (1800), in: *Fichtes Werke*, herausgegeben von Immanuel Hermann Fichte, Band VII, Berlin 1971, S. 573].

9 [Karl Marx, *Das Kapital. Erster Band* (1867), in: *Marx-Engels-Werke*, Band 23, Berlin 1962, S. 54].

10 [Marx, *Kapital*, S. 53].

11 [Ebenda].

12 [Marx, *Kapital*, S. 607, Anm. 21a].

13 [Friedrich Engels, *Das Begräbnis von Karl Marx* (1883), in: *Marx-Engels-Werke*, Band 19, Berlin 1962, S. 335].

14 [Ferdinand Lassalle, *Arbeiter-Programm. Über den besonderen Zusammenhang der gegenwärtigen Geschichtsperiode mit der Idee des Arbeiterstandes* (1862), mit einer Einleitung von Hermann Heller, Leipzig 1919, S. 64.].

15 [Karl Marx/Friedrich Engels, *Manifest der kommunistischen Partei* (1848), in: *Marx-Engels-Werke*, Band 4, Berlin 1959, S. 481].

16 [Lassalle, *Arbeiter-Programm*, S. 67].

17 [Ebenda].

18 Rudolf Hilferding, *Einleitung zu G. D. H. Cole, Selbstverwaltung in der Industrie*, Berlin 1921 [S. xiv].

19 [Ebenda].

20 [Friedrich Engels, *Die Entwicklung des Sozialismus von der Utopie zur Wissenschaft* (1880), in: *Marx-Engels Werke*, Band 19, Berlin 1962, S. 224, Herv. i. O.].

21 [Marx/Engels, *Manifest*, S. 482].

22 [Friedrich Engels, *Brief an Bebel* (1875), in: *Marx-Engels Werke*, Band 19, Berlin 1962, S. 7, Herv. i. O.].

23 [Friedrich Engels *Der Ursprung der Familie, des Privateigentums und des Staats* (1884), in: *Marx-Engels Werke*, Band 21, Berlin 1962, S. 168].

24 [Max Adler, *Die Staatsauffassung des Marxismus* (1922), Darmstadt 1964, S. 146].

25 [Ebenda].

26 [Adler, *Staatsauffassung*, S. 296. Das Ausrufezeichen in der eckigen Klammer stammt von Heller].

27 [Adler, *Staatsauffassung*, S. 30].

28 [Ebenda].

29 [Adler, *Staatsauffassung*, S. 209. Die Textergänzung in der eckigen Klammer stammt von Heller].

30 [Ebenda].

31 [Ebenda. Das Ausrufezeichen in der eckigen Klammer stammt von Heller].

32 [Adler, *Staatsauffassung*, S. 291].

33 [Adler, *Staatsauffassung*, S. 206].

34 Vgl. Hermann Heller, *Die Souveränität* [Berlin und Leipzig 1927].

35 [Engels, *Brief an Bebel*, S. 7].

36 Georg Engelbert Graf, *Die Landkarte Europas gestern und morgen*, Berlin 1919 [S. 20].

37 [Ebenda].

38 [Julian Borchardt, *Einführung in den wissenschaftlichen Sozialismus*, Berlin 1923, S. 111 f.].

39 [Engels, *Brief an Bebel*, S. 6 f.].

40 [Karl Marx, *Zur Judenfrage* (1844), in: *Marx-Engels Werke*, Band 1, Berlin 1956, S. 370].

3. Politische Demokratie und soziale Homogenität

Die unerschöpfliche Frage, welche Bedeutung der sozialen Homogenität für die politische Demokratie zukommt, soll hier im Wesentlichen durch eine grundsätzliche Begriffsklärung und lediglich vom politischen, also nicht vom sozialen, ökonomischen oder ethischen Standpunkt aus erörtert werden.

Wie jede andere politische Herrschaft ist auch die demokratische ihrem Wesen nach potentiell-universale Gebietsentscheidung. Politisch herrscht, wer auf einem bestimmten Gebiet über die für die Einheit des Zusammenwirkens relevanten Akte endgültig entscheidet oder an dieser Einheit der Gebietsentscheidung maßgeblich beteiligt ist.[1] Die Universalität der Gebietsentscheidung ist selbstverständlich nur eine potentielle. Soll aber das einheitliche Zusammenwirken, die seit Machiavelli Staat genannte Einheit in der Vielheit, aktuell werden, so muß der Möglichkeit nach jede die gebietsgesellschaftliche Zusammenordnung betreffende Frage in die politische Entscheidung miteinbezogen werden. Das Urteil über die Relevanz dieser oder jener gesellschaftlichen Akte für die Einheit des Zusammenwirkens verändert sich mit dem historischen und sozialen Zustand und Standort.

Die Einheit der Gebietsentscheidung macht uns das Wesen des Politischen als eines dialektischen Ausgleichs der unendlichen Vielheit und Verschiedenheit durcheinanderschießender gesellschaftlicher Akte zur ordnenden und geordneten Einheit verständlich. Die politisch entscheidenden Akte setzen und erhalten eine Rechtsordnung in Geltung, deren Existenz, Positivität oder Geltung dauernd in Abhängigkeit bleibt von der Existenz jener Akteinheit, die sich eben darum gegebenenfalls auch gegen das positive Recht selbst behaupten muß. Die Tatsache des nachbarlichen Zusammenlebens auf einem bestimmten Gebiet macht es notwendig, daß die ordnende Akteinheit auch in personaler Beziehung grundsätzlich universal entscheidet, ihre Ordnung also nicht nur den Staatsmitgliedern, sondern allen

Gebietsbewohnern auferlegt. Jede Herrschaft, mag sie religiös, pädagogisch, ökonomisch, erotisch oder sonstwie motiviert oder fundiert sein, wird, sobald sie die Einheit der Entscheidung auf einem bestimmten Gebiet als letztes Ziel für sich in Anspruch nimmt, zu einer politischen.

Staat nennen wir die Einheit der die Gebietsentscheidungsinstanz konstituierenden Akte. Das Grundproblem aller Politik ist somit: das Entstehen und Bestehen dieser Einheit der Gebietsentscheidung in der Vielheit der sie bildenden Willensakte einerseits und innerhalb der Vielheit anderer, sie umgebender Gebietsherrschaften andererseits. Diese universale Gebietsentscheidungseinheit ist mit Notwendigkeit begründet in der ‚gesellig-ungeselligen Natur' des Menschen, in seinen beiden Wesenseigenschaften der Verschiedenheit und Gesellschaftlichkeit. Nur in der Gesellschaft wird der zwischen Gott und Tier gestellte Mensch zum Menschen, nur in unvertauschbarer Einmaligkeit wird und bleibt er seelisch-geistig und physisch existent. Die universale, wirksame Gebietsentscheidungseinheit, sie mag zustande kommen wie sie will, ist deshalb eine *conditio sine qua non* der physischen, aber auch der metaphysischen menschlichen Selbsterhaltung.

Gesellschaftlichkeit, die eine Grundvoraussetzung des diesseitigen menschlichen Daseins, manifestiert sich zunächst als eine bis in die Tierwelt hinabreichende Naturtatsache. In der menschlichen Gesellschaft zeigt sich uns als das notwendige Korrelat der individuellen Verschiedenheit und Vereinzelung aber niemals bloß eine Gemeinschaft natürlicher Art, sondern stets auch die geistige Entscheidung. Sowohl die für unser Verstehen sinnfremden Ordnungen der natürlichen Triebe, wie auch und vor allem der hierarchisch gegliederte ‚Überbau' der geistigen Ordnungen ist es, der die ewig antagonistische Struktur der menschlichen Gesellschaft zusammenhält. Menschliches Zusammenleben ist immer auch ein durch konkrete menschliche Willensentscheidungen geordnetes Zusammenleben, wobei sich die auf einer naturalistischen Grundlage erwachsenden Gemeinschaften keineswegs als die festesten erweisen. Eine ideelle Macht ist es, die z. B. in der katholischen Kirche jahrtausendlang die Menschen trennt und bindet.

Politisch werden diese Entscheidungen, sobald sie die Einheit des gebietsnachbarlichen Zusammenwirkens betreffen. Steigende Zivilisation und Arbeitsteilung in Verbindung mit einer steigenden Reichweite und Komplizierung der gesellschaftlichen Beziehungen steigert die Notwendigkeit der willentlich gesetzten Ordnungen, vermehrt die Zahl der von einem Mittelpunkt ausgehenden politischen Entscheidungen und erhöht damit sowohl extensiv die Tätigkeit der mit einem wachsenden Verwaltungsstab arbeitenden politischen Entscheidungseinheit, wie sie deren Bedeutung für das gesellschaftliche Dasein steigert.

Alle Politik besteht nun in der Gestaltung und Erhaltung dieser Einheit. Alle Politik muß im Ernstfall den Angriff auf diese Einheit letztlich durch physische Vernichtung des Angreifers beantworten.

Darin liegt der richtige Kern der Behauptung Carl Schmitts, die spezifisch politische Unterscheidung sei die Unterscheidung von Freund und Feind. Wo nicht mehr die Bereitschaft ist, den inneren oder äußeren Angreifer der politischen Einheit im Ernstfalle zu vernichten, dort wird jede Politik grundsätzlich negiert. Ein Staat, der den tödlichen Waffengebrauch unter allen Umständen verbieten würde, der nicht schießen läßt, wenn auf seine Repräsentanten von drinnen oder draußen geschossen wird, hebt sich selbst auf.

Zu bestreiten ist aber Carl Schmitts Meinung, die Freund- und Feindunterscheidung sei die spezifisch-politische, auf sie ließen sich alle politischen Handlungen und Motive zurückführen. Abgesehen davon, daß es erkenntnistheoretisch unzulässig ist, diese Unterscheidung den Wertkategorien gut und böse, schön und häßlich, nützlich und schädlich zu koordinieren, dreht sich Schmitts Freund- und Feindunterscheidung im Zirkel; denn ohne das Epitheton politisch weist jenes Gegensatzpaar nichts spezifisch Politisches auf. Meine Freunde sind deine Freunde, und deine Feinde sollen meine Feinde sein, kann ebensowohl der politische, wie irgendein Gesinnungsfreund, Jugendfreund, Geschäftsfreund, Busenfreund sinnvoll erklären. Gar nicht gesehen ist von Carl Schmitt die Sphäre der innerstaatlichen Einheitsbildung als Politik. Ließen sich tatsächlich alle politischen Handlungen zurückführen auf die Unterscheidung von Freund und Feind, wobei der letztere „in einem besonders intensiven Sinne existenziell etwas Anderes und Fremdes" bedeuten soll,[2] das abgewehrt oder bekämpft, gegebenenfalls vernichtet wird, um die eigne seinsmäßige Art von Leben zu bewahren, dann wäre die Entstehung und Existenz der politischen Einheit etwas höchst Unpolitisches. Schmitt sieht nur den fertigen politischen Status; dieser ist aber nichts Statisches, sondern ein täglich neu zu Gestaltendes, *un plébiscite de tous les jours*.

Der dynamische Prozeß des Werdens und Sichbehauptens des Staates als Einheit in der Vielheit seiner Glieder ist aber Politik in einem der Selbstbehauptung nach außen mindestens gleichwertigen Sinne. Politik kommt von *polis*, nicht von *polemos*, wenn auch die Gemeinsamkeit der Sprachwurzel bedeutsam bleibt. Die *civitas maxima*, ganz gleich, ob man sie praktisch für möglich oder wünschenswert hält, ist zumindest eine theoretisch einwandfreie, den menschlichen Wesensanlagen nicht widersprechende Setzung. In unserem Falle dient sie dazu, die politische Freund-Feind-Unterscheidung als eine nicht unter allen Umständen notwendige politische Kategorie zu erweisen. Die Einheit der Gebietsentscheidung dagegen würde auch noch das Wesen des Weltstaates ausreichend charakterisieren. Zu einer Sinngebung des Staates ist Schmitts Freund-Feind-Gegensatz schon deshalb unfähig, weil er im Geiste seines Autors als sinnfremd, als rein vitaler Gegensatz zu einem andersgearteten, urtümlich-vitalen So- und Nichtanderssein verstanden werden muß.

Demokratie heißt Volksherrschaft. Soll der *demos kratein*, so muß er unter allen Umständen eine Entscheidungs- und Wirkungseinheit bilden, d. h. die Demokratie muß wie jede Herrschaftsform ein System von Willensvereinheitlichungen darstellen, für welches immer das Gesetz der kleinen Zahl gilt. Das Spezifikum der demokratischen Herrschaftsform besteht nun in der genossenschaftlichen Bestellung und in der magistratischen, nicht souveränen Stellung ihrer Repräsentanten. Ausnahmslos jeder demokratische Repräsentant ist immer vom Volke mittelbar oder unmittelbar sowohl zu berufen wie abzuberufen und bleibt, trotz der Selbständigkeit seiner repräsentativen Entscheidungsgewalt juristisch durch eine rational gesetzte Ordnung an den Willen des Volkes gebunden. Nicht die soziologische oder möglicherweise sozialethische Bindung an das Volk ist für den demokratischen Repräsentanten charakteristisch. Eine solche besteht auch für den autokratischen Repräsentanten. Es gibt überhaupt keine Herrschaftsform, von der nicht Spinozas Wort gilt: *oboedientia facit imperantem.*[3] In der Demokratie allein aber ist diese Bindung außerdem eine juristische und mit wirkungsvollen Rechtssanktionen ausgestattet. Die Methoden der demokratischen Repräsentationsbestellung können sehr verschieden sein. Nicht nur die von der liberalen Demokratie ausgebildete direkte Wahl von Zentralinstanzen, auch die durch ein Rätesystem vermittelte Wahl kann, wenn es sich nicht um eine Bestellung einer bloß ökonomischen Interessenvertretung mit gebundenem Mandat handelt, eine Form demokratischer Repräsentantenauslese darstellen. Zahlreich sind auch die Möglichkeiten einer demokratischen Repräsentantenstellung. Neben dem Parlamentarismus und einem demokratischen Rätesystem ist auch die in amerikanischen Städten versuchte Form der Repräsentation demokratisch zu nennen, die unter Verzicht auf Parlament und Räte lediglich einen oder zwei Repräsentanten mit weitgehendsten Entscheidungsfunktionen auf jederzeitigen *recall* beruft.

Die Repräsentationsbestellung ist die wichtigste Phase in der Dynamik der politischen Einheitsbildung. Die gesamte Problematik der heutigen Demokratie besteht nun darin, daß sich demokratische Repräsentationsbestellung in juristischen Formen von unten nach oben vollziehen soll. Wie weit das Unten nach unten reicht, wer zum herrschenden Volke gehören soll, wer davon auf Grund von Alters- und Geschlechtsdifferenzen, auf Grund von Unterschieden in Bildung und Besitz ausgeschlossen wird, ist historischen Wandlungen unterworfen.

Erst die Einsicht in die Bedeutung der demokratischen Repräsentationsbestellung vermag auch die große, viel verkannte und viel geschmähte Bedeutung der politischen Parteien in der Demokratie erkennen zu lassen. Sie sind auch im Rätesystem unentbehrlich als spezifische Faktoren in jenem System von Willensvereinheitlichungen, das wir den demokratischen Staat nennen. Ohne ein solches System von Vermittlungen ist die Einheit in der Vielheit unvermittelter Gegensätze demokratisch nicht zu denken.

In der eben angedeuteten Problematik ist auch die Bedeutung der sozialen Homogenität für die Demokratie mitbeschlossen. Demokratie soll bewußte politische Einheitsbildung von unten nach oben sein, alle Repräsentation vom Gemeinschaftswillen juristisch abhängig bleiben. Das Volk als Vielheit soll sich selbst bewußt zum Volk als Einheit bilden. Ein bestimmtes Maß sozialer Homogenität muß gegeben sein, damit politische Einheitsbildung überhaupt möglich sein soll. Solange an die Existenz solcher Homogenität geglaubt und angenommen wird, es gäbe eine Möglichkeit, durch Diskussion mit dem Gegner zur politischen Einigung zu gelangen, solange kann auf die Unterdrückung durch physische Gewalt verzichtet, solange kann mit dem Gegner parliert werden. Carl Schmitt ist deshalb weit davon entfernt, das ‚geistige Zentrum' des Parlamentarismus dadurch zu treffen, daß er, gefangen von den irrationalen Reizen des Gewaltmythos, als die *ratio* des Parlaments den Glauben an die Öffentlichkeit der Diskussion und den Glauben an die Wahrheitsfindung durch freie Meinungskonkurrenz bezeichnet. Solche Begründung mag ehemals einigen rationalistischen Apologeten und noch mehr den heutigen Gegnern des Parlamentarismus willkommen gewesen sein. Tatsächlich ist die geistesgeschichtliche Basis des Parlamentarismus nicht der Glaube an die öffentliche Diskussion als solche, sondern der Glaube an die Existenz einer gemeinsamen Diskussionsgrundlage und damit die Möglichkeit eines *fair play* für den innerpolitischen Gegner, mit dem man sich unter Ausschaltung der nackten Gewalt einigen zu können meint. Erst dort, wo dieses Homogenitätsbewußtsein verschwindet, wird die bis dahin parlierende zur diktierenden Partei.

Von einer größeren oder geringeren sozialen Homogenität ist also die größere oder geringere Möglichkeit einer politischen Einheitsbildung, die Möglichkeit einer Repräsentationsbestellung und die größere oder geringere Festigkeit der Stellung der Repräsentanten abhängig. Es gibt einen gewissen Grad von sozialer Homogenität, ohne welchen eine demokratische Einheitsbildung überhaupt nicht mehr möglich ist. Eine solche hört dort auf, wo sich alle politisch relevanten Volksteile in der politischen Einheit in keiner Weise mehr wiedererkennen, wo sie sich mit den staatlichen Symbolen und Repräsentanten in keiner Weise mehr zu identifizieren vermögen. In diesem Augenblick ist die Einheit gespalten, sind Bürgerkrieg, Diktatur, Fremdherrschaft als Möglichkeiten gesetzt. Die schwere Geburt der kontinentalen Koalitionsregierungen, ihre kurze Dauer, sowie ihr Mangel an durchgreifender Wirkung sind die handgreiflichsten Symptome einer unzulänglichen sozialen Homogenität und damit höchst bedenkliche Krisenzeichen für unsere Demokratien.

Die richtige Erkenntnis, geschweige denn Wertung und Veränderung dieses Zustandes wird heute unendlich erschwert durch die Zwillingsbrüder eines substanzlosen Denkens, den utopistischen, lediglich auf Abstraktionen beruhenden Idealismus und den ebenso fundierten Naturalismus. Der erste konstruiert sich ein lebenswidriges Himmelreich auf Erden als politisches Ideal, der letztere will alle soziale Homogenität auf den Nahrungstrieb, auf eine Blutsgemeinschaft, eine psychoanalytische *libido* oder ähnliches zurückführen.

Soziale Homogenität kann aber niemals Aufhebung der notwendig antagonistischen Gesellschaftsstruktur bedeuten. Die gegensatzfreie Friedensgemeinschaft, die herrschaftslose Gesellschaft können als prophetische Verheißungen sinnvoll sein. Als politisches Ziel ist solche Verdiesseitigung einer Gemeinschaft der Heiligen, wie sie auch den Anschauungen von Ernst Michel letztlich zugrunde liegt, eine Denaturierung sowohl der religiösen wie der politischen Sphäre. Soziale Homogenität ist immer ein sozial-psychologischer Zustand, in welchem die stets vorhandenen Gegensätzlichkeiten und Interessenkämpfe gebunden erscheinen durch ein Wirbewußtsein und -gefühl, durch einen sich aktualisierenden Gemeinschaftswillen. Solche relative Angeglichenheit des gesellschaftlichen Bewußtseins kann ungeheure Spannungsgegensätze in sich verarbeiten, ungeheure religiöse, politische, ökonomische und sonstige Antagonismen verdauen. Wodurch dieses Wirbewußtsein erzeugt und zerstört wird, läßt sich nicht allgemeingültig sagen. Alle Versuche, in einer einzigen Lebenssphäre den ewigen Demiurg dieses Bewußtseins zu finden, sind gescheitert und müssen scheitern. Richtig ist nur, da sich in jeder Epoche eine Entsprechung zwischen sozialem Sein und Bewußtsein, also eine Gesellschaftsform erkennen läßt. Entscheidend auch für die soziale Homogenität wird jedesmal die Sphäre sein, in welcher das Bewußtsein der Epoche vorwiegend beheimatet ist.

In der europäischen Neuzeit, deren Ontologie seit der Renaissance verdiesseitigt ist, waren gemeinsame Sprache, gemeinsame Kultur und politische Geschichte die wichtigsten Faktoren der sozialpsychologischen Angleichung gewesen. Der gegenwärtige Zeitgeist, mag er sich idealistisch oder materialistisch gebärden, kennt in Wahrheit immer nur die naturalistische Realitätssphäre. Der geistige ‚Überbau' verflüchtigt sich zum Derivat, zur machtlosen Ideologie und Fiktion über dem ökonomischen, sexuellen oder rassemäßigen Sein, welche Seinsarten auch für die soziale Homogenität in steigendem Maße ausschlaggebend wurden. Soweit diese Ideologienlehre den positivistischen und historistischen Aberglauben enthüllt, ist sie der menschlichen Hybris überaus gesund.

In der Politik erhebt aber die furchtbare Frage ihr Medusenhaupt, wie sich die heutige, in diese ungeheuren Klassen- und Rassengegensätze hineingestellte Demokratie zu behaupten vermag. In viel höherem Grade als jeder anderen politischen Form ist ihre Existenz von dem Dasein einer sozialen Angeglichenheit abhängig. Man versteht es, wenn heute von links wie von rechts eine politische Einheitsbildung auf demokratischem Wege für unmöglich gehalten wird. Der Neo-Machiavellismus eines desillusionierten Bürgertums will im Geiste Vilfredo Paretos demokratische, nationale und sozialistische, kurz alle ‚Ideologien' nur als *arcana imperii*[4] benutzen, um sich im ewig gleichen ‚Kreislauf der der Eliten' diktatorisch an der Macht zu halten. Auch in Deutschland ist der Monarchismus, mindestens soweit die jüngere Generation in Frage kommt, lediglich eine Verhüllung für den ersehnten ‚starken Mann', der handelt und nicht verhandelt, der die sozialpsychologische Homogenität und politische Einheitsbildung, selbstverständlich unter Wahrung der bürgerlichen Position, erzwingt. Das Proletariat aber verzweifelt angesichts der gegebenen ökonomischen Disparität ebenfalls an den demokratischen Formen und hofft, für die Gegenwart oder eine nahe Zukunft, auf eine Erziehungsdiktatur zur Freiheit und Gleichheit. Trotz der augenblicklichen politischen Beruhigung, richtiger Ermüdung, fehlt die Voraussetzung der politischen Demokratie, ein Zustand sozialer Homogenität, in einem Maße, wie in keinem Zeitalter vorher.

Gewiß, die zivile Homogenität haben die letzten Jahrhunderte in Europa verwirklicht. Sklaven im Rechtssinne, Menschen, die über keine Rechts- und Handlungsfreiheit mehr verfügen und die in der antiken Demokratie als selbstverständlich ausgeschlossen vom Staate galten, gibt es heute nicht mehr. Jeder Mensch, nicht nur jeder Staatsbürger genießt den formal gleichen Schutz von Person, Familie und Eigentum. Ebenso ist die formal-juristische politische Homogenität hergestellt: der formal gleiche Anteil an der Einheitsbildung und die formale gleiche Ämterfähigkeit jedem Staatsbürger garantiert. Gerade dieser „Fortschritt im Bewußtsein der Freiheit", wie wir mit Hegel sagen können, ist es aber, der die demokratische Einheitsbildung heute bedroht.

Denn dieses Freiheitsbewußtsein ist einerseits soziales Ungleichheitsbewußtsein, andrerseits politisches Machtbewußtsein. Das letztere ist auf die Dauer mit Gewalt nicht zu unterdrücken, reicht aber vorläufig keineswegs aus, um eine selbständige Kulturführung und politische Einheitsbildung zu übernehmen. Die sozial-psychologische Angleichung des Bewußtseins ist andrerseits ohne eine grundsätzliche Veränderung des ökonomischen Seins und eine tiefgehende Revolutionierung des Bewußtseins nicht zu haben. Erträgt bis dahin die demokratische politische Form den zur Tatsache gewordenen sozialen Klassenkampf? An sich muß der auf ökonomischer Grundlage erwachsende Klassenkampf noch keineswegs die Demokratie sprengen. Erst wenn das Proletariat zu dem Glauben gelangt, daß die demokratische Gleichberechtigung seines übermächtigen Gegners den Klassenkampf in demokratischen Formen zur Aussichtslosigkeit verdammt, erst in diesem Augenblick wird es zur Diktatur greifen.

Von der Einsicht der herrschenden Klassen beziehungsweise der Geistigen in diesen Klassen hängt es wesentlich ab, ob jener Glaube im Proletariat sich durchsetzt. Sich und andere mit der Formalethik der Demokratie beruhigen zu wollen, ist zwecklos. Gewiß, die politische Demokratie will jedem Mitglied des Staates die gleiche Einwirkungsmöglichkeit auf die Gestaltung der politischen Einheit durch Repräsentationsbestellung gewähren. Die soziale Disparität kann aber *summum jus* zur *summa injuria* machen. Die radikalste formale Gleichheit wird ohne soziale Homogenität zur radikalsten Ungleichheit und die Formaldemokratie zur Diktatur der herrschenden Klasse.

Die ökonomische und zivilisatorische Überlegenheit gibt den Herrschenden genügende Mittel in die Hand, um durch direkte und indirekte Beeinflussung der öffentlichen Meinung die politische Demokratie in ihr reales Gegenteil zu verkehren. Durch finanzielle Beherrschung von Partei, Presse, Film und Literatur, gesellschaftliche Influenzierung von Schule und Hochschule, vermag sie, selbst ohne direkte Bestechung, es zu einer virtuosen Beeinflussung der bureaukratischen und Wahlmaschine zu bringen, so daß alle demokratische Form gewahrt und eine Diktatur dem Inhalt nach doch erreicht wird. Sie ist um so gefährlicher, weil anonym und unverantwortlich. Sie macht die politische Demokratie zur Fiktion, indem sie die Form der Repräsentationsbestellung wahrt und ihren Inhalt verfälscht.

Kommt dem Proletariat diese Diskrepanz zum Bewußtsein, weiß es außerdem, daß nicht nur alle Fabrikräder, sondern auch alle Staatsräder stillstehen, wenn sein starker Arm es will, dann wird es nur unter zwei Bedingungen die demokratische Form des Klassenkampfes respektieren: nämlich dann, wenn sie ihm irgendwelche Aussichten auf Erfolg gewährt und wenn es imstande ist, eine geistig-sittliche Fundierung und historische Notwendigkeit der gegenwärtigen Herrschaftssituation zu entdecken. Das hängt gewiß auch von dem Grad der Einsicht des Proletariats ab; in unvergleichlich höherem Maße aber von den geistig-sittlichen Fähigkeiten der Herrschenden und ihres Anhangs. Der Staatsmann, der nicht ehrlich bemüht ist, seine politischen Entscheidungen über Klassenvorurteile hinauszuheben, der Richter, der nicht dauernd bemüht ist, die Werturteile aller Klassen gegeneinander abzuwägen, um so einer Klassenjustiz zu entgehen, sie und alle anderen staatlichen Instanzen repräsentieren dann dem Proletarier den nackten Klassenstaat, der für ihn keinerlei Verpflichtungskraft hat, sondern als ein bloßes Unterdrückungsinstrument lediglich bekämpfenswert erscheint. In solcher Situation steht sich nicht nur das ökonomische Sein, sondern auch das geistig-sittliche Bewußtsein beider Klassen ohne Vermittlung unhomogen gegenüber. Der Bourgeois erscheint dem Proletarier nicht mehr als der Gleichartige; er setzt der Diktatur des bourgeoisen Klassenstaats sein Ideal der proletarischen Klassendiktatur entgegen.

Die Gefährdung der politischen Demokratie durch die ökonomische Disparität der Klassen kann zunächst, wenn auch keineswegs auf die Dauer, abgeschwächt werden durch eine Homogenität der Alltagskonventionen, wie sie sich etwa in der Schweiz und in den Vereinigten Staaten bis zu einem gewissen Grade herausgebildet hat. Gleichheit der Konventionen kann die Ungleichheit im Ökonomischen einigermaßen vergessen machen. Umgekehrt, je stärker der Alltagsverkehr die ökonomischen Unterschiede auch in Gruß und Kleidung betont, je größer die Zahl der gesellschaftlichen Kreise und Ringe ist, die ihre Kastenabschließung durch Hoffähigkeit, Offiziersfähigkeit, Korpsfähigkeit usw. öffentlich unterstreichen, je eindringlicher die konventionelle Stufung schon in Erziehung und Unterricht nach Titel, Rang und Namen erfolgt, je strenger die Sonderung der Platzanweisung im öffentlichen Leben, sei es in der Straßenbahn oder in der Kirche, vorgenommen wird, desto größer muß das Bewußtsein der Ungleichartigkeit der Klassen, desto geringer die Bereitschaft dazu sein, dem politischen Klassengegner das *fair play* der politisch gleichen Möglichkeiten zu gewähren.

Daß schließlich auch die anthropologische Homogenität eine Voraussetzung der politischen Demokratie zu bilden vermag, zeigt uns die amerikanische Negerfrage. Das dem Neger nach dem Bürgerkriege gewährte Wahlrecht wurde ihm wieder entzogen. Und alles durchaus ehrlich gemeinte Pathos, das der Bürger der Vereinigten Staaten den allgemeinen Menschenrechten leiht, hindert ihn nicht im geringsten, den Neger ebenso selbstverständlich von der Demokratie auszuschließen, wie es einem Plato selbstverständlich erschien, daß ein Sklave außerhalb der Demokratie steht. Gewiß, die Negerfrage ist nicht eine nur anthropologische. Falsch wäre es aber, sie als eine nur wirtschaftliche anzusehen. Die europäische Arbeiterfrage dagegen ist und bleibt, soweit unser bewußtes Handeln in Frage kommt, in erster Linie eine ökonomische, und nichts ist bezeichnender für die unsere Demokratie bedrohende soziale Disparität, für die klassenkämpferische Stellung der Herrschenden, als jener Versuch, die ökonomische Disparität in eine anthropologische umzudichten, das Proletariat als eine minderwertige Abstammungsgemeinschaft von den Besitzenden zu trennen, um so den Herrschaftsanspruch der letzteren blutsmäßig zu rechtfertigen. Es scheint wirklich so zu sein: *quos deus perdere vult, dementat prius.*[5] Ist das Proletariat nicht nur ökonomisch der herrschenden Klasse unhomogen, trennen es von dieser nicht nur die wandelbaren Verhältnisse von Besitz und Bildung, sondern sogar das unveränderliche Blut, welche Art von Solidarität sollte das Proletariat dann noch dazu veranlassen, jenen Herrschenden demokratische Gleichberechtigung zuzugestehen?!

Man pflegt in bürgerlichen Kreisen seit rund hundert Jahren die nationale Kulturgemeinschaft als genügenden staatlichen Integrationsfaktor anzusehen. Ich komme nicht in den Verdacht, die nationale Kulturgemeinschaft in ihrer staatsbildenden

Kraft zu unterschätzen.[6] Um so nachdrücklicher darf ich aber auch betonen, daß die Kulturgemeinschaft selbst ohne einen gewissen Grad von sozialer Homogenität unmöglich ist. Die bürgerliche Hoffnung, der Anteil des heutigen Proletariats an der nationalen Kultur werde sich als genügend erweisen, um die besitzlosen Klassen in den Formen der demokratischen Einheitsbildung festzuhalten, ist zum großen Teile naive Selbsttäuschung. Othmar Spann hat schon einigermaßen recht: „... nur soweit die Teilnahme an den geistigen Gemeinschaften reicht, kann auch der wahre völkische Unterschied reichen, ja geradezu die wahre...Zugehörigkeit zur Nation, alles andere geht in der Interessengemeinschaft auf".[7]

Beruhigt sich aber das politische Gewissen mit Spann in der Weise, daß es auf die nun einmal gegebene Kulturunfähigkeit der ‚Massen' hinweist,[8] so verwechselt es Masse mit Klasse, und möchte die eigene Klasse der anderen gegenüber ihrem geistigen Wesen nach als höherwertig behaupten. Diese Art Legitimation des Klassenstaats hat politisch die grundsätzlich gleiche Wirkung, wie jene Theorie von der rassischen Verschiedenheit der Klassen. Auch sie muß schließlich letzte Bindungen lösen und zur proletarischen Diktatur treiben. Wir wollen dabei ganz absehen von der Tatsache, daß im Nachkriegseuropa der Gedanke des souveränen Nationalstaats bei allen Klassen sehr viel an Überzeugungskraft eingebüßt hat. Der herrschenden Klasse selbst ist die Frage höchst problematisch geworden, ob der heutige Nationalstaat der Selbsterhaltung der Nation besser dient, als ein europäischer Bundesstaat. Sehr bald wird sich auch aus diesem Grunde die nationale Idee als ungenügend erweisen, die demokratische Einheitsbildung zu legitimieren.

Schließlich soll noch mit einem Wort auf die entscheidende Frage, nämlich darauf hingewiesen werden, daß der Mangel an ökonomischer, kultureller und konventioneller Homogenität heute auch dadurch nicht ausgeglichen wird, daß ein religiös bedingtes Wirbewußtsein den Klassengegner in die gleiche Gotteskindschaft einbezieht. Und doch ist diese, unserer willentlichen Einwirkung entzogene religiöse Homogenität für die politische Demokratie von der eminentesten Bedeutung. Nun gibt es große Kreise des Bürgertums, welche die Benützung der Religion als Mittel zum Zweck der politischen Einheitsbildung empfehlen. Nicht nur in Frankreich existiert ein atheistischer Katholizismus, der sich sein glaubensloses Herrschaftswissen, dem Volke aber die Religion erhalten möchte. In Deutschland kennen wir außerdem jenen Gelehrtentyp, der für seinen vorrevolutionären Kathedersozialismus dadurch Buße tut, daß er nun den lieben Gott als soziales Beruhigungsmittel preist. Abgesehen davon, daß die Verwendung der Religion als Instrument der Politik eine religiöse Blasphemie ist, bedeutet ihre Empfehlung als solche auch noch eine grandiose politische Dummheit: man merkt die Absicht und man ist verstimmt.

In Dostojewskis *Dämonen* spricht Schatoff das bedeutungsschwere Wort: „Wer kein Volk hat, der hat auch keinen Gott." Nun kann man zwar aus dem ‚Mythos der Nation' einen religiösen ‚Mythos' rational konstruieren, man kann damit aber weder ein Volk noch einen Gott real erzeugen.

[Zuerst veröffentlicht in: *Probleme der Demokratie* (Band 5 der Schriftenreihe der Deutschen Hochschule für Politik in Berlin und des Instituts für Auswärtige Politik in Hamburg), Berlin 1928, S. 35–47].

Anmerkungen

1 Zur Ergänzung dieser gedrängten Darstellung vgl. Hermann Heller, *Die Souveränität* [Berlin und Leipzig 1927].

2 [Carl Schmitt, *Der Begriff des Politischen. Synoptische Darstellung der Texte*, Berlin 2018, S. 76].

3 [Gehorsam macht einen Befehl].

4 [Geheimnis der Herrschenden; Geheimpolitik].

5 [Wen Gott vernichten will, dem nimmt er den Verstand].

6 Vgl. Hermann Heller, *Sozialismus und Nation* [Berlin 1925].

7 Othmar Spann, *Gesellschaftslehre*, 2. Auflage, Leipzig 1923, S. 483.

8 Ebenda.

4. Rechtsstaat oder Diktatur?

Bis zum Ausgang des Weltkrieges war der Rechtsstaat in Europa eine Selbstverständlichkeit gewesen. Als Forderung war er auch dort kaum bestritten, wo er entweder gar nicht oder nicht voll anerkannt oder verwirklicht war. Selbst die marxistische Diktatur des Proletariats verstanden die großen sozialistischen Parteien bis zur bolschewistischen Revolution mehr oder weniger im demokratisch-rechtsstaatlichen Sinne. Es waren lediglich die kleinen, einflußlosen Gruppen der französischen und italienischen Syndikalisten, die in dieser Zeit als erklärte, wenn auch recht unklare Gegner des Rechtsstaates gelten konnten. Diese Situation hat sich innerhalb der letzten zehn Jahre gründlich geändert. Die Frage Rechtsstaat oder Diktatur ist ernstlich zur Diskussion gestellt. Und wenn es auch nicht allzu wichtig zu nehmen ist, daß ein bekannter deutscher Staatsrechtslehrer die Diktatur als die spezifisch moderne Staatsform, den Rechtsstaat aber als veraltetes Verfassungsklischee bezeichnet, so ist die Möglichkeit einer solchen Behauptung dennoch symptomatisch.

Was bedeutet diese plötzliche und radikale Wandlung? Lassen sich die politischen Umwälzungen in Italien, Spanien, Südslavien und den kleineren Ländern, lassen sich die Diktaturbestrebungen bei uns, in Österreich und anderen Staaten überhaupt auf einen gemeinsamen Nenner bringen? Bedeutet die wachsende Zahl der Diktaturen in Europa das Ende des Rechtsstaates und seine Ersetzung durch eine dem heutigen gesellschaftlichen Sein besser angepaßte Staatsform? Welche Verschiebungen in der sozialen Wirklichkeit finden in jenen politischen Umwälzungen und geistes-geschichtlichen Wandlungen ihren Ausdruck?

Wir wollen unsere Fragestellung ausschließlich auf die unter der Flagge des Fascismus in Westeuropa bekannte und hier auch allein aktuelle Form der Diktatur beschränken; die bolschewistische Diktatur, im ganzen doch nur eine Reprise der Regierungsform Peters des Großen, hat die Alternative Rechtsstaat oder Diktatur nie gekannt und kann aus unserer Betrachtung ausgeschlossen bleiben.

Die Antworten auf die gestellten Fragen setzen zunächst einmal Klarheit voraus über die sozialen, politischen und geistigen Grundlagen des Rechtsstaates. Denn unzweifelhaft einig sind alle diese europäischen Diktaturen und ihre Ideologien nur in der Negation des Rechtsstaates. Dessen gesellschaftliche Grundlagen sind aber nur dann zu begreifen, wenn man bedenkt, daß steigende Kultur immer auch darin besteht, daß die Arbeitsteilung wächst und damit örtlich auseinanderliegende Gesellschaftsgruppen von einander abhängig werden, weil sie miteinander in Verkehr treten müssen. Dadurch, daß Arbeitsteilung und Verkehr steigen, wird ein entsprechend größeres Maß von Verkehrssicherheit notwendig, die im ganzen identisch ist mit dem, was der Jurist Rechtssicherheit zu nennen pflegt. Verkehrssicherheit oder Rechtssicherheit wird ermöglicht durch eine erhöhte Berechenbarkeit und Planmäßigkeit der gesellschaftlichen Beziehungen. Denn solche Berechenbarkeit läßt sich nur dadurch erreichen, daß die gesellschaftlichen, vor allem die wirtschaftlichen Beziehungen in wachsendem Maße einer einheitlichen Ordnung unterstellt, d. h. von einem Gebietsmittelpunkte aus normiert werden. Das vorläufige Endergebnis dieses gesellschaftlichen Rationalisierungsprozesses ist der moderne Rechtsstaat, der im wesentlichen entstanden ist durch eine immer wachsende Gesetzgebung, d. h. bewußte Setzung von Regeln für das gesellschaftliche Handeln, welche Regeln für einen immer größeren Kreis von Personen und Sachen die Selbsthilfe zugunsten der zentralen Normsetzung und Durchsetzung ausschalteten.

Man begreift die soziologische, politische und juristische Bedeutung des modernen Rechtsstaates, wenn man ihn als ‚Herrschaft des Gesetzes' im Sinne seiner Schöpfer begreift. Den großen Schlußpunkt in der Geschichte der Sicherung des Landfriedens bildete im alten Deutschen Reiche die Errichtung des Reichskammergerichts drei Jahre nach der Entdeckung Amerikas. Dieses Gericht sollte die Streitigkeiten zwischen Landesherrn und Untertanen justizförmig erledigen und auch hier die Gewalt und Selbsthilfe ausschalten. Im Zeitalter des Absolutismus macht die frühkapitalistische Wirtschaft eine relative Unabhängigkeit der Straf- und Zivilrechtsprechung notwendig, eine Tatsache, die den meisten durch die Legende vom Müller von Sanssouci bekannt ist. Auf der Rechenhaftigkeit dieser Wirtschaft beruhte die Macht des absoluten Fürsten. Er konnte sich von den Unberechenbarkeiten der Lehensgefolgschaft nur dadurch unabhängig machen, die renitenten Feudalherren und ihre zahllosen wohlerworbenen Rechte nur dadurch beseitigen und der einheitlichen Ordnung seiner Souveränität unterstellen, daß er sich ein Söldnerheer und eine Bürokratie schuf, die beide gesellschaftlich von den Junkern unabhängig, vom Fürsten aber finanziell abhängig waren. Dazu bedurfte es der geldwirtschaftlichen Berechenbarkeit der Ökonomie, dazu des im einheitlichen römischen Rechte geschulten Beamtentums, mit dessen Hilfe die unberechenbare Buntheit der germanischen Rechte überwunden wurde. Mit seinen Söldnern und Beamten gelang es dem absoluten Fürsten nach und nach, die Kriegführung, Gesetzgebung, Rechtsprechung und Verwaltung zu zentralisieren, Geschäfte, welche bis dahin von den Feudalherren in eigener Regie wahrgenommen worden waren.

Als am Ausgang des 18. Jahrhunderts die Forderungen des Rechtsstaates und der Gesetzesherrschaft populär wurden, sah man als das ideale Recht dasjenige an, das vom Fürsten öffentlich kundgemacht und von seinen Landgerichten – nach einem Worte des großen Verwaltungsrechtslehrers Otto Mayer – „mit einer berufsmäßigen Berechenbarkeit“ angewandt wurde.[1]

Dieses unverbrüchliche, mit zweiseitig verbindender Kraft ausgestattete Gesetz sollte nun alle Staatstätigkeit, nicht nur die Justiz, sondern auch die Verwaltung beherrschen, und ‚Eingriffe in Freiheit und Eigentum der Bürger‘ sollten fortan nur noch auf Grund eines Gesetzes möglich sein. Die Rationalität und Berechenbarkeit der Staatsordnung sollte aber noch in anderer Richtung erheblich gesteigert werden.

Man weiß, daß die Montesquieusche Lehre von der Teilung und Balance der Gewalten die organisatorische Grundlage des Rechtsstaates bezeichnet. Montesquieu sieht in der politischen

Freiheit des Bürgers „jene Ruhe des Gemüts, die aus dem Vertrauen entsteht, das jeder zu seiner Sicherheit hat".[2] Diese Freiheit wäre endgültig verloren, wenn eben derselbe Mensch oder eben dieselbe Versammlung zugleich die gesetzgebende, die richterliche und die vollziehende Gewalt ausübten. Die Begründung für diese Meinung des tiefen Menschenkenners können wir in den allgemein gültigen soziologischen Satz kleiden: Jede unkontrollierte menschliche Gewalt erliegt früher oder später der Gefahr unberechenbarer Willkür. Deshalb sollte die Legislative die höchste, alle Staatstätigkeit bestimmende Gewalt sein und – organisatorisch getrennt von der unabhängigen Rechtsprechung und der dem König verbleibenden Exekutive – dem Volk anvertraut werden. Solange der König Gesetze gab und auch beseitigte, die Gesetze außerdem in einem geheimen Rat vorbereitet und nicht einmal immer publiziert wurden, war immer ein Element der Unsicherheit und persönlichen Unberechenbarkeit gegeben, das sofort verschwand, als das Volk durch seine Repräsentation die Gesetze in öffentlicher Parlamentssitzung über sich selbst beschloß und damit selbst zum Garanten seiner Freiheit wurde.

Parallel dieser gesellschaftlich-politischen Entwicklung geht die ideengeschichtliche. Ihre Wurzeln reichen ebenfalls in die Zeit der Renaissance zurück. Es ist der entpersönlichende Gesetzesglaube, den man ebenso bei Kepler, Galilei, Gassendi und Grotius, wie bei Voltaire, Saint-Simon, Kant und Marx findet. Im Ethisch-Politischen lautet die Maxime: Frei ist der Mensch, wenn er nicht mehr Menschen, sondern nur noch Gesetzen gehorchen muß. Unter Gesetz aber versteht man je länger je mehr nicht den Willen eines persönlichen Gottes oder gottbegnadeten Monarchen, sondern die über alle Willen und jedwede Willkür erhabene Norm; den Inhalt dieser Gesetze will man in zunehmendem Maße aus dem diesseitigen und vernünftig erkennbaren Sein von Natur und Gesellschaft ablesen.

Diese „Gewißheit der gesetzmäßigen Freiheit",[3] wie sie der Klassiker des Rechtsstaatsideals, Wilhelm von Humboldt, nannte, war um die Wende des 18. Jahrhunderts die Forderung des geistig und wirtschaftlich erstarkten Bürgertums. Seine politische und ökonomische Sekurität erheischte seinen Einfluß bei der Gesetzgebung im gewaltenteilenden Rechtsstaate, daß politische Freiheits- und Gleichheitsideal entsprach seiner Ethik der individuellen Autonomie. Daß diese Demokratie auf ‚Bildung und Besitz' beschränkt blieb, konnte von einer Zeit gerechtfertigt werden, in welcher der Besitz noch gebildet und die Bildung noch besitzend war.

Das mußte sich im Zeitalter des entwickelten und organisierten Kapitalismus grundlegend ändern. Ein sich beständig vermehrendes Proletariat erwacht zum Selbstbewußtsein und macht die Forderung der bürgerlichen Demokratie in Gestalt der sozialen Demokratie zu seiner eigenen. Selbständig in Parteien und Gewerkschaften organisiert, erzwingt es seine Beteiligung an der rechtsstaatlichen Legislative. Dadurch wird diese Volkslegislative aber der Geist, den das Bürgertum gerufen hatte und nicht wieder bannen kann, wenn es ihn nicht von Grund auf verleugnen und mit Beelzebub Diktatur vertreiben will.

Denn auf dem Umweg über die Politik wird das nunmehr juristisch-politisch gleichberechtigte Proletariat dem Bürgertum auch wirtschaftlich gefährlich. Der wirtschaftlich Schwache versucht mittels der Gesetzgebung, den wirtschaftlich Starken zu fesseln, ihn zu größeren sozialen Leistungen zu zwingen oder ihn gar aus dem Eigentum zu verdrängen. So hat der Kapitalismus das demokratische Prinzip zu Konsequenzen geführt, die dessen eigenen Schöpfer, das Bürgertum, in seiner Herrschaft bedrohen. Eine dauernde Verdrängung des Proletariats aus der Legislative erscheint auf rechtsstaatlichem Wege ausgeschlossen. Auch kann dem heutigen Bewußtsein eine Beschränkung der Demokratie auf Bildung und Besitz nicht mehr zugemutet werden, weil der Besitz sich in einer Zeit, da die Besitzverschiebung sich mit rasender Geschwindigkeit vollzieht, weder durch Bildung noch durch Tradition Respekt zu verschaffen vermag. Das Bürgertum beginnt am Rechtsstaatsideal zu verzweifeln und seine eigene geistige Welt zu verleugnen.

In Deutschland begann diese Verleugnung und Entleerung des Rechtsstaatsgedankens schon mit dem Zusammenbruch der Revolution von 1848. Noch im Jahre 1859 aber versteht

Robert v. Mohl unter einem Rechtsstaat einen Verband, in welchem die Staatsgenossen Anspruch haben „vorerst [auf] *Gleichheit vor dem Gesetze*, d. h. [auf] Berücksichtigung der Lebenszwecke Aller ohne Unterschied auf persönliche Verhältnisse, und objektive Anwendung der allgemeinen Norm ohne Rücksicht auf Rang, Stand usw. des Einzelnen".[4] Wenige Jahre später ist diese materielle Rechtsstaatsidee entleert und entseelt und ins Formalistisch-Technische gewandelt. Von nun an ist es bis nach der Revolution von 1918 unbestrittene Lehre, daß z.B. der die Gleichheit vor dem Gesetz garantierende Art. 4 der Preußischen Verfassung von 1850 nicht etwa ein Willkürverbot für den Gesetzgeber bedeute, sondern sich nur an den das fertige Gesetz anwendenden Beamten wende. Damit hatte das Gerechtigkeitsideal für den Gesetzgeber seine Geltung verloren und war herabgesunken zu einer formellen Verwaltungsmaxime, die ohne Rücksicht auf den gerechten oder ungerechten Inhalt des Gesetzes dessen berechenbare Anwendung auf den Einzelfall verlangte. Nun kam es nur noch auf diese Rechenhaftigkeit und bourgeoise Sekurität des Gesetzes an, nicht mehr auf seine Richtigkeit.

Es ist bezeichnend, daß nunmehr, da seit der Revolution von 1918 die bürgerliche Herrschaft durch den Gleichheitssatz des Art. 109 der Weimarer Verfassung bedroht erscheinen kann, daß es nunmehr rechtsstehende Juristen sind, die in diesem Gleichheitssatz ein ‚Willkürverbot' gerade für den Gesetzgeber erblicken wollen und daß bürgerlich-demokratische Juristen dem gegenüber bei der alten Interpretation verharren. Die eminente politische Bedeutung dieses Standpunktwechsels der konservativen Jurisprudenz versteht man allerdings erst im Zusammenhang mit dem ungeheuren politischen Machtzuwachs, den sich das Richtertum mit einer juristisch zweifellos falschen Reichsgerichtsentscheidung in Deutschland erobert hat. Die richterliche Bürokratie hat nämlich mit der Entscheidung vom 4. November 1925 erfolgreich für sich das Recht in Anspruch genommen, alle Gesetze auf ihre materielle Übereinstimmung mit der Reichsverfassung zu überprüfen und hat diesen Anspruch mit der eklatant unrichtigen Behauptung begründet, sie hätte dieses Recht seit jeher besessen.[5] Vorläufig hat sich das Bürgertum damit, daß Richter, die in ihrer erdrückenden Mehrheit den herrschenden Schichten entstammen, die Gesetze auf ihre Übereinstimmung mit dem Gleichheitssatz prüfen, eine wirksame Sicherung dagegen geschaffen, daß die Volkslegislative den liberalen in einen sozialen Rechtsstaat überführt. Denn was als gleich und was als ungleich zu gelten hat, bestimmt sich sehr wesentlich nach den nicht nur historisch und national, sondern auch sozial divergierenden Wertauffassungen derjenigen, die darüber zu urteilen berufen sind, wobei es für die Gerechtigkeit des Urteils immer besser ist, daß der Urteilende nicht von seiner absoluten Objektivität überzeugt ist; denn nur in diesem Falle wird er sich die erforderliche Selbstkritik bewahren.

Mit dieser Überwachung der Volkslegislative durch den Richter ist aber die Gefahr des sozialen Rechtsstaates keineswegs endgültig gebannt. Bleibt es doch nur eine Frage der Zeit, wann die Volkslegislative durch die von ihr abhängige Regierung andre Richter ernennt oder durch Verfassungsänderung den Richter als ihren Wächter überhaupt beseitigt. Auf keinen Fall kann in dieser politisch auch sonst bedenklichen Verlagerung der Macht vom Gesetzgeber auf den Richter eine Renaissance des materiellen Rechtsstaatsgedankens erblickt werden. Abgesehen davon, daß eine Rechtsprechung, die sich zum Gesetzgeber aufwirft, den Grundsatz der Trennung von Justiz und Legislative verletzt, muß gerade in der eigenartigen Auslegung, die heutige die maßgebende Theorie und oft auch die Praxis dem Gleichheitsgebot, d. h. der „Berücksichtigung der Lebenszwecke aller“, z.B. bezüglich des Art. 156 der Reichsverfassung (Enteignung) gibt, die alte Entleerung des Rechtsstaatsgedankens erkannt werden.

Durch diese Degeneration des Rechtsstaatsgedankens hatte auch die ‚Herrschaft des Gesetzes‘ eine von Grund auf veränderte Bedeutung erlangt. Ein sittlich-vernünftiges Gesetz herrschte, indem lebendige Menschen es auf sich und andere anwandten. Sittliche Notwendigkeit wurde in sich selbst bestimmender Freiheit bejaht. Eine lediglich zur Sicherung der ökonomischen Sekurität veranstaltete Vergesetzlichung des Lebens aber konnte nichts andres sein als eine Technisierung zum Zwecke der entindividualisierten Mechanisierung. Das sittlich verstandene Gesetz behielt trotz seiner positiven staatlichen Geltung seine Beziehung zum Absoluten, zum tragenden Grund und Abgrund des Lebens. Es verlangte immer die subjektive Entscheidung eines konkret-individuellen Willens. Das nur noch technisch verstandene Gesetz dagegen war von der subjektiven Entscheidung unabhängig geworden; in logisch-mathematischer Objektivität thronte es über den Menschen, die zuerst in grenzenlosem Optimismus von ihm durch ihre endgültige Vergesetzlichung die diesseitige Erlösung von allen Übeln der individuellen Entscheidung erhofften.

Heute findet dieser Glaube an eine entleerte Nomokratie, die Utopie des ewigen Friedens durch endgültige Vergesetzlichung aller Individualität nur noch wenige Anhänger. In Reinkultur bildet er den nicht leicht erkennbaren Untergrund der reinen Rechtslehre Kelsens und seiner Schule, die in jedem Staat einen Rechtsstaat und als Ideal der Demokratie die „Führerlosigkeit"[6] erkennen. Die leeren Abstraktionen dieses nomokratischen Denkens tragen nicht wenig dazu bei, gerade unter einer nach sittlichen Begründungen suchenden und wirklichkeitshungrigen Jugend den Diktaturgedanken zu befördern.

Die gegenwärtige soziologische Lage des Bürgertums scheint ihm aber nur noch eine pessimistische Deutung dieser Vergesetzlichung zu gestatten. Bedeutet doch die Forderung der sozialen Demokratie des Proletariats nichts andres, als die Ausdehnung des materiellen Rechtsstaatsgedankens auf die Arbeits- und Güterordnung. Im Bürgertum findet sich keine Kraft zu neuer Erfüllung des alten Gebotes. Es verleugnet sein eigenes geistiges Sein und wirft sich einem irrationalistischen Neo-Feudalismus in die Arme. Sein Sprachrohr wird Nietzsche, für den das Gesetz nur Sinn hat als die Technik des Herrenmenschen zur Bändigung der Herde; die Willkür des Herrn aber steht über allem Gesetz. Für ihn wäre die Bindung an das Gesetz die Bindung an die Herde; schwer trägt er nicht nur an allem sozialen Zwang, sondern sogar an der Kultur, die seine

‚vornehmen Instinkte' verdirbt. Von Zeit zu Zeit haben Nietzsches Herrenmenschen es nötig, sich zu benehmen wie „losgelassene Raubtiere. Sie genießen da die Freiheit von allem sozialen Zwang, sie halten sich in der Wildnis schadlos für die Spannung, welche eine lange Einschließung und Einfriedung in den Frieden der Gemeinschaft gibt, sie treten in die Unschuld des Raubtier-Gewissens *zurück*, als frohlockende Ungeheuer, welche vielleicht von einer scheußlichen Abfolge von Mord, Niederbrennung, Schändung, Folterung mit einem Übermute und seelischen Gleichgewichte davongehen, wie als ob nur ein Studentenstreich vollbracht sei, überzeugt davon, daß die Dichter für lange nun wieder etwas zu singen und zu rühmen haben".[7] Diese Auslassung Nietzsches über die ‚blonde Bestie', die er auf dem Grunde alles ‚Adels' erkennt, findet sich in einer Abhandlung über das Ressentiment; sie ist unter Anwendung seiner eigenen psychologischen Methode unschwer als Ressentiment des Bürgers gegen sich selbst zu enthüllen.

Im kapitalistisch entwickelteren Frankreich hatte sich dieser antibourgeoise Gesetzeshaß des Bourgeois bereits früher entwickelt. Die depravierte Bedeutung des ehemaligen Ehrennamens stammt schon aus der Literatur des Restaurationszeitalters und soll die Erbärmlichkeit des Bürgers kennzeichnen, der nur um seine ökonomische Sekurität besorgt, jeden echten Geist und alle elementaren irrationalen Gewalten als Gefahren dieser Sekurität fürchtet und haßt. Damals auch entstand als literarisches Gegenbild des Bourgeois der große alle Gesetze souverän verachtende Verbrecher, am eindrucksvollsten verkörpert in Balzacs Jean Vautrin. Dieser Gesetzeshaß, zu jener Zeit eine Angelegenheit des Genies und einiger romantischer Literaten, ist heute zum Gemeingut der Groß- und Kleinbourgeoisie, zum Gemeingut des geistigen Mittelstandes geworden. Insbesonders seit dem Weltkrieg ist jedes Kriegervereinsmitglied statutengemäß zu Geniereligion und antibourgeoiser heroischer Gesinnung jenseits von Gut und Böse verpflichtet. Jeder Innungsobermeister ist tief durchdrungen von der entpersönlichenden Wirkung der Konsumgenossenschaften und Warenhäuser.

Dieser Neo-Feudalismus entwickelt als sein *arcanum imperii* eine ganze Mythologie. Der rationalistischen Diesseitserlösung durch Vergesetzlichung des Lebens, dem Gesetz ohne Individualität stellt er die Geniereligion der Individualität ohne Gesetz entgegen; statt der Sekurität und Notwendigkeit preist er das Abenteuer und die Gefahr, die bestimmungslose Freiheit und das Wunder. Zur Bekämpfung der *ratio* erfindet er die *irratio* und ist bereit, alles Vernunftwidrige zu bewundern, nicht trotzdem, sondern eben weil es absurd ist. Unfähig, die soziologische Situation geistig und sittlich-politisch zu bewältigen, wird sein höchster Glaubensartikel die Gewalt an sich, die Gewalt als Selbstzweck. Der Philosophie des unpersönlichen Gesetzes tritt er mit seiner Philosophie der individuellen Tat um der Tat willen, mit seinem ‚Idealismus des Aktes' entgegen.

Nun ist aber diese ästhetisierende Religion der Gewalttat nur der starken Seele des Herrenmenschen erträglich. Die Schwachmütigkeit der Herde bedarf einer besonderen Mythenbildung, welche die gähnende Leere jener Religion verhüllen soll. Diesem Zweck dient zunächst der Nationalismus. „Wir haben unsern Mythus geschaffen. Der Mythus ist ein Glaube, eine Leidenschaft. Es ist nicht notwendig, daß er eine Wirklichkeit sei[.]... Unser Mythus ist die Nation", sagte Mussolini wenige Tage vor dem Marsch auf Rom.[8] Dieser Nationalismus, der die Spannung Individuum und Gemeinschaft durch die nivellierende Unterdrückung des ersteren löst, erscheint heute als die geeignetste Religion zur Beherrschung der Herde. Im Namen der Nation und ihres *sacro egoismo*, der dem der herrschenden Klasse oft genug zum Verwechseln ähnlich sieht, betäubt man jede innere Stimme und berauscht sich mit der Phraseologie einer angeblich allein sittlichen Gemeinschaft. Man entblödet sich nicht, für das absolute Recht des objektiven Geistes dieser Gemeinschaft sogar das Christentum zu bemühen. Nationalbewußtsein, ehemals ein Wissen um den reizvollen Wert der Volksindividualität, wird nun eine ‚Gesinnung', ein Moralkodex, der alle mögliche Art oder Unart heiligt und herrschaftstechnisch die Funktion hat, die allein ‚nationale' Herde der weißen Schafe von den schwarzen Böcken zu sondern. Nimmt man hinzu, daß der Nationalismus in aller Regel die nationale Gemeinschaft mit der Herrschaftsorganisation Staat gleichsetzt, den Staat aber mit den Herrschenden identifiziert, so ist die Staatsvergötterung der ursprünglich völlig anarchischen Geniereligion durchsichtig geworden. In der politischen Praxis ist sie Idealisierung der Willkür des Herrenmenschen und Idealisierung des Gesetzes für die Herde.

Auch in den traditionellen Kirchenreligionen sieht der Herrenmensch nicht zu verachtende Herrschaftsmythen. Zwar empfindet er in ihnen den christlichen Gehalt recht störend. Ein Katholizismus minus Christentum aber flößt ihm allein schon als Herrschaftsorganisation den größten Respekt ein, ganz abgesehen davon, daß er der Kirchen zur Heiligung seiner Herrschaft nicht entbehren kann. „Je suis catholique, mais je suis athée", lautet die prägnante Formulierung des *Action-Française*-Katholiken Charles Maurras,[9] die ebensogut von Mussolini geprägt sein könnte.

Ebenfalls zu den Verhüllungen der Diktatur muß jene, heute besonders zugkräftige Parole gerechnet werden, welche die Diktatur zur Beseitigung der demokratisch-parlamentarischen Korruption fordert. Die Demokratie hat gewiß allen Anlaß, jedes ihrer Organe, das nicht ganz reine Hände hat, nicht nur unverzüglich preiszugeben, sondern von sich aus rücksichtslos zu bekämpfen. Denn zweifellos schadet ein demokratischer Politiker oder Beamter, der sich mit Schiebern einläßt oder gar an ihren Geschäften partizipiert, schadet ein verantwortungsloser Skribent, der die Demokratie verteidigt, dieser Staatsform mehr, als hundert rechts- und linksradikale Angreifer ihr schaden könnten. Durchaus richtig ist es auch, daß man im demokratischen Rechtsstaat viel mehr von Korruption hört, als in der Diktatur, unbestreitbar richtig auch, daß daran die Regierungsform schuld ist. Falsch aber wäre es, zu glauben, die Korruption sei in der Diktatur geringer als in der Demokratie. Genau umgekehrt liegt es. Auch hier ist der demokratische Rechtsstaat besser als er scheint, und die Diktatur scheint – wenigstens von ferne – besser als sie ist. Zum Beweise dessen ist es gar nicht nötig, die italienische Wirklichkeit der fascistischen Diktatur zu bemühen und darauf hinzuweisen, daß dort die übelste Bereicherung hoher und höchster Staatsorgane fast die Regel und reine Hände fast die Ausnahme sind, überflüssig zu erwähnen, daß das ganze italienische Volk einschließlich der Fascisten selbst dieses *mangiare*, Sich-Mästen der fascistischen Machthaber zum Gegenstand seines grimmigen Witzes macht und die Initialen der national-fascistischen Partei P.N.F schlankweg mit *per necessità famigliare*, aus Familienrücksichten, übersetzt. Es ist, wie gesagt, gar nicht notwendig, auf diese unbestreitbaren Tatsachen hinzuweisen. Muß es doch für jeden Menschenkenner selbstverständlich sein, daß die völlig unkontrollierte Macht der Diktaturorgane immer zu solchen Ergebnissen führen wird. Im demokratischen Rechtsstaat hat jede der konkurrierenden Parteien das größte Interesse daran, die Korruption der anderen aufzudecken; jede muß Wert darauf legen, eine möglichst reine Weste vorzuweisen. Aus dem gleichen Grunde darf aber auch die einzige Partei der Diktatur die Flecken auf ihrer Weste nicht sichtbar werden lassen. Leitet sie doch die Unterdrückung aller andern Parteien und ihr ausschließliches Herrschaftsmonopol von der Behauptung ab, daß ihre Mitglieder die ‚Elite' und die neue Aristokratie des Volkes darstellten. Sie ist gezwungen, diesen Mythus mit allen Mitteln aufrechtzuerhalten und alle Nachrichten über Korruptionserscheinungen solange zu unterdrücken, als es nur irgend geht. Da die Diktaturpartei aber keinen Wächter hat und Gewaltenteilung ebenso wie Grundrechte beseitigt sind, ist in der Diktatur auch den anständigen Elementen jede Möglichkeit genommen, die Geschäftemacher in der Presse, im Parlament oder auch vor Gericht zur Verantwortung zu ziehen. In der Struktur des demokratischen Rechtsstaates und der Diktatur liegt es deshalb, daß im ersteren die öffentlichen Anklagen wegen Korruption häufiger, in der letzteren seltener sind. In der Struktur der beiden politischen Formen liegt es aber ebenso notwendig begründet, daß der wahre Umfang der Korruption in beiden im umgekehrten Verhältnis zur Zahl der öffentlichen Anklagen steht.

Zur speziellen Anatomie einer westeuropäischen Diktatur aber gehört eine Form der Korruption, die auf die Dauer der nationalen Gesundheit noch weit gefährlicher wird, als die rein ökonomische Bereicherung durch die Politik. Ich meine jene Korruption des politischen Geistes und Willens, die daraus entsteht, daß jede westeuropäische Diktatur der Gegenwart zwangsläufig auf der Lüge aufgebaut sein muß, daß die Willensentscheidungen des ganzen Volkes in allen irgendwie wichtigen Fällen völlig übereinstimmen mit dem Willen eines einzigen Menschen, mit dem Willen des Diktators. Eine Diktatur im kapitalistischen Europa, die immer gezwungen sein wird, mit militärischen, politischen und ökonomischen Druckmitteln zu arbeiten, vermag durch sie, vor allem durch den Druck auf den Magen, fast das ganze Volk zu politischer Heuchelei und Lüge zu zwingen. Diese Korruption ist es, die die Besten des italienischen Volkes heute als die furchtbarste politische Zersetzungserscheinung im Gefolge ihrer Diktatur ansehen. Auf Schritt und Tritt begegnet man in Italien Leuten, die das Parteiabzeichen nur deshalb tragen oder für den Fascismus nur deshalb öffentlich reden oder schreiben, weil sie sonst sich und ihre Familie dem Verhungern preisgegeben sehen. Gewiß gibt es auch in der Demokratie genug charakterlose Literaten, zweifellos ist auch in unserm Rechtsstaat die Presse erschreckend korrupt. In der Diktatur aber wird der Journalist, und nicht nur er, sondern alle Denkenden, von Staats wegen mit allen politisch-wirtschaftlichen Druckmitteln zu dieser Korruption erzogen. Kein Mythus ist deshalb unwahrer, als der Mythus vom Korruptionstöter Diktatur.

In ungebrochener Reinheit finden sich alle die genannten mythologischen Verhüllungen der Diktatur nur in konfessionell einheitlichen Nationalstaaten, in welchen die Linke herrscht oder geherrscht hat, etwa in Frankreich und Italien. Wie eine realsoziologisch im Wesentlichen gleichartige Bewegung ohne alle diese Verhüllungen aussieht, kann man dagegen im heutigen Österreich studieren. Der Mythus von dem den Augiasstall der Korruption säubernden Diktator ist in Österreich unbrauchbar, erstens, weil die österreichische Linke keine irgendwie nennenswerten Korruptionserscheinungen aufweist, zweitens und vor allem aber deshalb, weil dort die zur Diktatur drängenden Kreise seit Jahren selbst an der von ihnen reichlich geleerten Futterkrippe sitzen. Die anderen sonst üblichen Mythen verfangen in Österreich ebenfalls nicht. Die Staatsvergötterung muß in diesem Staat wider Willen notwendig wegfallen, der Nationalismus ist als Verhüllungsideologie nicht brauchbar, weil er die dem christlich-sozialen Heimwehrflügel innerpolitisch wenigstens gegenwärtig unerwünschte Konsequenz des Anschlusses an das Deutsche Reich hätte, der Katholizismus aber ist der antiklerikalen städtischen Bourgeoisie unerwünscht. Was also übrig bleibt als hehres Kampfziel, das sind die Steuern der sozialistisch verwalteten Stadt Wien.

Von großer Wichtigkeit ist es, die neofeudale Kraftpose und den Schrei nach dem starken Mann als den Ausdruck einer Verzweiflungsstimmung des Bürgers zu erkennen. Erschreckt durch das Avancieren der Arbeitermassen, glaubt er nicht nur seine eigenen politischen und ökonomischen Herrschaftsansprüche bedroht, sondern sieht zugleich das Ende der gesamten europäischen Kultur nahe. Mehr oder minder gedankenlos verwechselt er dabei Klasse mit kulturfremder Masse und Kasse. Indem man nämlich die gewiß immer unschöpferische Masse der Menschen in allen Klassen einfach mit der heutigen Arbeiterklasse und sich selbst mit einer Kulturelite identifiziert, nicht selten den Proletarier auch noch als rassisch minderwertig behauptet, macht man es sich leicht, den sozialen Rechtsstaat und seine Anfänge in der Gegenwart als die Herrschaft der Minderwertigen zu brandmarken. Es ist durchaus folgerichtig, daß der Verfasser von *Untergang des Abendlandes* zugleich der repräsentativste deutsche Vertreter jener Gewalt- und Geniereligion, sowie des Diktaturgedankens ist. Für Oswald Spengler gibt es eben nur „Standesstaaten, Staaten in denen ein einzelner Stand regiert“.[10] Der „eigentliche“ Stand, der „Inbegriff von Blut und Rasse“[11] ist aber nur der Adel. Schon Bauer und Bürger sind „ein Nichtstand“,[12] der vierte Stand vollends, die „Masse“, ist „das Ende, das radikale Nichts“.[13] Begreiflich, daß diesem verzweifelten Bürger nur die Hoffnung auf den starken Mann übrig bleibt, die Hoffnung auf den Menschen von „cäsarischem Schlage“, der mit seiner „ganz persönliche[n] Gewalt“[14] ihm alle Entscheidungen abnimmt; denn so ist es die Ordnung aller ‚ausgehenden Kulturen'. Der Herrenmensch macht sich also über die Bedeutung der Diktatur keine Illusionen; er weiß, daß die Diktatur Deformierung jeder politischen Form bedeutet, daß *Diktatur nur die politische Erscheinungsform der gesellschaftlichen Anarchie ist.*

Solches Herrschaftswissen wäre der Herde aber gefährlich. Für sie bedarf es jener illusionären Verhüllungen, für sie auch einer Maskierung der politischen Fronten. Deshalb pflegt man als das Angriffsobjekt den Parlamentarismus und als positives Ziel nicht etwa die Diktatur, sondern den korporativen oder berufsständischen Staat auszugeben. Beide Behauptungen sind mehr oder minder bewußte Falschmeldungen.

Denn die Beseitigung des Parlamentarismus unter Beibehaltung des gewaltenteilenden Rechtsstaates, etwa nach dem Vorbild der Vereinigten Staaten von Amerika, würde immer noch die Bindung der Herrschenden an das demokratische Gesetz, also an den Massenwillen, sowie ihre Kontrolle durch Verfassungs- und Verwaltungsgerichte bedeuten. Solch nichtparlamentarischer Rechtsstaat würde aber weder jener Gewalt- und Geniereligion entsprechen, noch könnte er – was die Hauptsache ist – die geschilderten politisch-ökonomischen Schwierigkeiten der herrschenden Klasse beheben. Die rechtsstaatliche Volkslegislative darf man aber nicht offen angreifen. Denn die eindeutige Negierung der Demokratie würde voraussetzen, daß man über mehr als ein Ressentiment, nämlich über eine eigene produktive Rechts- und Staatsidee verfügte, welche die Demokratie zu ersetzen imstande wäre. Wie impotent diese antidemokratischen Antwortgefühle aber in Wahrheit sind, wie gering ihre politische Gestaltungskraft eingeschätzt werden muß, erweist sich nirgends deutlicher als dort, wo sie dauern gezwungen sind, vor ihrem wahren Feind, der Demokratie, Kotau zu machen.

Alle heutigen Diktatoren und alle, die es gern werden möchten, versichern uns, daß sie nichts anderes als die ‚wahre' Demokratie verwirklicht haben oder verwirklichen wollen. Was sollten sie auch andres sagen? Daß die Zeiten der allein echten

Gottesgnaden-Monarchie aus sozialen wie religiösen Gründen vorüber ist, begreift nachgerade auch das Kleinbürgertum. Daß eine Erbaristokratie im Zeitalter des mobilen Besitzes irgend etwas andres sein könnte, als eine gesetzlich anerkannte kapitalistische Klassenherrschaft, wird kaum jemand sich bereit finden zu glauben. Es bleibt also nur übrig, die Demokratie mit der Demokratie zu überwinden, sie immer wieder mit Worten zu bejahen und dem tatsächlichen Inhalt nach zu vernichten.

Zu diesem Zwecke muß die Diktatur als auch oder sogar noch besser demokratisch hingestellt und irgendwie legitimiert werden durch die Autorität des demokratischen Volkswillens. Die Methode, durch welche eine spezifisch demokratische Legitimationsgrundlage für die Zwecke einer autokratischen Diktatur adaptiert wird, ist recht interessant. Dazu werden zunächst die entsprechenden Freiheitsrechte des demokratischen Rechtsstaates durch den heute so populären Appell an den antiliberalen Affekt als ‚bürgerlich' kompromittiert. Gelingt es nun, die bürgerliche Freiheit der Meinung, die Vereins-, Versammlungs- und Preßfreiheit, die geheime Einzelabstimmung als ‚eigentlich' undemokratisch herabzusetzen, so sind zugleich die Garantien einer allein demokratischen Ermittlung des Volkswillens beseitigt. Denn nun gibt es keine freie Agitation, keine unbeeinflußte Abstimmung und kein kontrolliertes Wahlverfahren mehr. Der Diktator kann den Volkswillen ganz nach Wunsch so oder auch anders funktionieren lassen, und es lassen sich selbst die Plebiszite Napoleon III. und Mussolinis als demokratische ‚Akklamationen' bezeichnen; ein auch außenpolitisch nicht ungefährliches Spiel, wenn man bedenkt, daß die Franzosen etwa unter Berufung auf den angesehenen deutschen Staatsrechtslehrer Carl Schmitt – wenn auch gewiß sehr gegen seine außenpolitische Absicht – im Jahre 1935 im Saargebiet eine derartige Akklamation an Stelle der im § 34 des Versailler Vertrags vorgesehenen freien, geheimen und unbeeinflußten Einzelabstimmung versuchen könnten. Gerade daran aber, daß selbst im fascistischen Italien derartige Plebiszite nicht entbehrt werden können, zeigt sich der unproduktive Ressentimentcharakter des Diktaturgedankens.

Eine weitere scheinbar demokratische Verhüllung, die der Beförderung der Diktatur dienen soll, ist die Ideologie vom korporativen oder berufsständischen Staat. Ihre Wirksamkeit verdankt sie der Tatsache, daß sie an echte politische Bedürfnisse der Gegenwart anknüpft. Zweifellos hat man dem heutigen Staate zuviel zugemutet; er hat sich übernommen, nicht in der Gesetzgebung, wohl aber in der Verwaltung. Und je weiter der Rechtsstaat in die Arbeits- und Güterordnung eindringt, desto notwendiger wird die Beseitigung der staatseigenen zugunsten einer Selbstverwaltung. Insofern entspräche der korporative Gedanke durchaus einer demokratischen Forderung, insofern wäre er aber auch das Gegenteil dessen, was die Gegner des Rechtsstaates mit ihm bezwecken. In Wahrheit richtet sich auch ihr Angriff nicht gegen die Ausdehnung der Staatsverwaltung, sondern gegen die Ausdehnung der Staatsgesetzgebung auf das sozial-ökonomische Gebiet. Darüber hinaus aber verstehen sie unter dem korporativen Staat den von ‚Berufsständen' statt von Parteien, d. h. den von einer politisch willenlos gemachten Masse getragenen Staat. Daß ein solcher Staatsaufbau demokratisch unmöglich ist und der Versuch seiner Verwirklichung das Ende des Staates bedeuten würde, wissen die Führenden sehr wohl. In Italien haben namhafteste Fascisten diese Unmöglichkeit auch literarisch ausführlich dargetan. Das Wesen des Politischen besteht eben in der Vereinheitlichung des Willens einer aus vielen bestehenden Gebietsgesellschaft. ‚Ständische' Verbände, wenn wir diese falsche Bezeichnung für den Augenblick gelten lassen wollen, wären aber heute mehr denn je ökonomische Organisationen, die zunächst in sich selbst erst politischer Momente zu ihrer Konstituierung als politischer Einheiten bedürften; damit aber würden sie notwendig zu politischen Parteien. Das politische Kardinalproblem aber ist und bleibt die Einheitsbildung in der Spitze, die Entstehung der obersten Repräsentanten und damit des Staates selbst. Wie soll sie vor sich gehen? Daß auf demokratischem Wege aus ökonomischen Interessenverbänden keine politische Einheit entsteht, sondern Klassenkampf in Permanenz, das wissen die Vertreter der korporativen Ideologie sehr wohl. Eben deshalb schweigen sie sich über die Art der politischen Einheitsbildung im korporativen Staate aus. Die bekannteste deutsche Programmschrift, Othmar Spanns *Der wahre Staat*, weiß darüber nur zu sagen, daß die zentrale Gewalt nicht „aus allen Elementen gleich sehr abgeleitet sein wird; genauer [!] gesagt überhaupt nicht von unten hinauf, sondern von oben hinab zu bauen sein wird"; so kann der nicht gerade neuen Forderung, „das Beste (sozusagen [!] von oben her) soll herrschen",[15] heute einzig und allein die Diktatur entsprechen.

Diktatur aber bedeutet immer zentralistische Gewaltenvereinigung in der Hand des Diktators, also das Gegenteil von Korporativismus. Letzterer aber hat innerhalb der kapitalistischen Diktatur einzig und allein die Aufgabe, die Organisationen zur ökonomischen Beherrschung der Massen, ohne die eine moderne Diktatur nicht auszukommen vermag, ideologisch zu verhüllen. Mittels der Korporationen sollen die Arbeitnehmer vom Diktator ökonomisch abhängig und ihm damit politisch willfährig gemacht werden. Deshalb besteht in Italien ein Monopol der fascistischen Gewerkschaften, welche ohne die geringste Selbstverwaltung willenlose Werkzeuge der Diktatur darstellen, deshalb heißt es in der als modernste Arbeitsverfassung gepriesenen *Carta del Lavoro*[16] im Artikel 23, daß die Arbeitsnachweise auf paritätischer Grundlage unter Kontrolle der korporativen Staatsorgane errichtet werden und die Arbeitgeber verpflichtet sind, sich die Arbeitnehmer durch Vermittlung dieser Arbeitsnachweise zu beschaffen. Die Arbeitgeber haben das Recht – seit der Verordnung vom 6. Dezember 1928 sogar die Pflicht –, eine Auswahl unter den Eingeschriebenen zu treffen und zwar in der Weise, daß sie den in der fascistischen Partei und den fascistischen Gewerkschaften Eingetragenen nach der Reihenfolge ihrer Einschreibung den Vorzug geben. In diesem Sinne muß man auch die Ausführungen des fascistischen Justizministers Rocco in seiner Kammerrede vom 9. März 1920 verstehen: „Wenn man vom syndikalen oder korporativen Staat spricht, so ist das richtig unter der Voraussetzung, daß man sich nur über den Sinn des Wortes verständigt. Der korporative Staat ist nicht der Staat in der Hand der Korporation, sondern die Korporation in der Hand des Staates."[17]

Zusammenfassend muß somit festgestellt werden, daß die Diktatur dem Rechtsstaat, der sich die Wirtschaft unterwerfen will, nichts andres entgegenzusetzen hat als die ideologisch recht schlecht verhüllte Gewalt. Einer der Heroen des Fascismus, der Nationalist Enrico Corradini, bestätigt das in einer Schrift mit dem Titel *Il regime della borghesia produttiva* (1918), welche die Frage erörtert: „Wie wird ein Regime der produktiven Bourgeoisie möglich sein inmitten des modernen politischen Gemeinwesens, des allgemeinen Wahlrechts, des sozialistischen Klassenkampfes? Unsere Antwort lautet: die produktive Bourgeoisie wird den Klassenkampf mutig aufnehmen, sie wird alles tun müssen, um das allgemeine Wahlrecht zu beherrschen, in der Erwartung, daß kraft der Logik der Dinge sich das System früher oder später ändern müsse; denn auch die konventionellen Lügen haben zum Glück ein beschränktes Dasein, und der Parlamentarismus ist eine konventionelle Lüge."[18]

Indem das Bürgertum aber Rechtsstaat, Demokratie und Parlamentarismus konventionelle Lügen nennt, straft es sich selbst Lügen. Durch seinen neofeudalen Gesetzeshaß gerät es nicht nur in einen Selbstwiderspruch mit seinem eigensten geistigen Sein, sondern verneint auch die Existenzbedingungen seines gesellschaftlichen Lebens. Ohne die Gewißheit der gesetzmäßigen Freiheit der Meinungsäußerung, der Freiheit des Religionsbekenntnisses, der Wissenschaft, Kunst und Presse, ohne die rechtsstaatlichen Sicherungen gegen willkürliche Verhaftungen und gegen willkürliche Verurteilungen durch diktatorisch abhängige Richter, ohne das Prinzip der Gesetzmäßigkeit der Verwaltung kann das Bürgertum weder geistig noch ökonomisch leben. Ein Bürgertum, das durch die Renaissance hindurch gegangen ist, kann nicht, ohne Selbstmord zu begehen, sich vom Diktator sein Fühlen, Wollen und Denken vorschreiben und sich etwa die Lektüre von Dostojewski und Tolstoi verbieten lassen, wie es – um nur eins von tausend Beispielen zu nennen – in Italien im September 1929 geschehen ist.

Soll die heutige, vornehmlich vom Bürgertum geschaffene Kultur und Zivilisation erhalten, geschweige denn erneuert werden, so muß unter allen Umständen der erreichte Grad der Berechenbarkeit der gesellschaftlichen Beziehungen nicht nur bewahrt, sondern sogar noch erhöht werden. Das Bürgertum hatte den absoluten König bekämpft, weil ihm die Gewißheit der gesetzmäßigen Freiheit unentbehrlich geworden war. Heute kann es nicht in einem Atem nach der ‚Rationalisierung der Wirtschaft' und nach der Diktatur schreien, deren Willkür notwendig eine unvergleichlich größere sein muß, als die des absoluten Fürsten. Unzweifelhaft beruht die rationellere amerikanische Wirtschaft darauf, daß das Geltungsgebiet ihrer Rationalität ein riesiger Kontinent ist, während die europäische Wirtschaft ein Konglomerat geographischer Zwerggebilde darstellt. Man kann heute nicht staatsvergottender Nationalist sein und zugleich erkennen, daß die Nordamerikaner allmählich alle europäischen Nationalstaaten deshalb in weiße Sklavenkolonien verwandeln können, weil die europäischen Nationalwirtschaften sich gegenseitig den Markt verengern und schließlich tot konkurrieren. Daß die ohne Rücksicht auf die Marktlage Europas errichteten nationalen Zollmauern, die ebenso geschaffenen nationalen Rüstungsindustrien, nationalen Automobilfabriken eines jeden europäischen Duodezstaates oft nur noch dem privaten Interesse einiger Kapitalistengruppen dienen, für die nationalen Kulturgemeinschaften aber den Ruin bedeuten, muß immer stärker zur Forderung einer für den europäischen Bedarf rationierten Produktion, immer stärker zur Forderung einer europäischen Internationale zur Erhaltung der Nationen führen. In Deutschland konnte man die ‚nationale' Forderung: Kauft deutsche Automobile! ernst nehmen, die deutschen Wagen solange unverhältnismäßig teurer bezahlen, solange nicht die größte deutsche Autofabrik in amerikanischen Besitz überging; dann mußte sich jeder Deutsche fragen, zu wessen Nutzen er eigentlich die übermäßigen Preise bezahlte: zum Nutzen der Nation oder zum Nutzen der Familie Opel und der amerikanischen *General Motors*? Daß eine nationalistische Diktatur sich diesen weltwirtschaftlichen Notwendigkeiten ohne Schädigung der Nationalwirtschaft gar nicht entgegenstellen kann, ist selbstverständlich.

Nationalistische Professoren und Literaten mögen das Reich Europa als ,Verrat am Geiste des Abendlandes' brandmarken und aus den genannten Tatsachen die Folgerung ziehen, das Abendland und die europäischen Nationen hätten keine andre Aufgabe zu erfüllen, als in Ehren unterzugehen. Mir erschiene es nicht nur nationaler, sondern auch ehrenvoller und in jedem Falle dem Geiste des Abendlandes, wie er noch vor zwei Generationen verstanden wurde, entsprechender, wenn sich die geistigen Kräfte der Nation ihrer Desertion vom Geiste endlich zu schämen begönnen, wenn sie endlich in der gegebenen Gesellschaftslage die zeitgeforderten Inhalte jener Gesetze erkennen wollten, die uns allein zu Persönlichkeiten formen. Sie müßten dadurch zur Erkenntnis kommen, daß die rechtsstaatliche Vergesetzlichung der Wirtschaft nichts andres als die Unterordnung der Lebensmittel unter die Lebenszwecke und damit die Voraussetzung bedeutet für eine Erneuerung unserer Kultur. Sie müßten einsehen, daß die Zukunft der abendländischen Kultur nicht gefährdet ist durch das Gesetz und seine Ausdehnung auf die Wirtschaft, sondern gerade durch die Anarchie und ihre politische Erscheinungsform, die Diktatur, sowie durch die anarchistische Raserei unserer kapitalistischen Produktion, die weder Handarbeitern noch Kopfarbeitern Muße und Möglichkeit zu kulturschöpferischer Tätigkeit läßt. Mit dieser Erkenntnis müßte sie angesichts des verantwortungslosen Geschwätzes blutloser Rationalisten und blutgieriger Irrationalisten das gleiche Gefühl des unüberwindlichen Ekels packen, und die Entscheidung zwischen fascistischer Diktatur und sozialem Rechtsstaat wäre gefallen.

[Zuerst veröffentlicht in: *Die Neue Rundschau* (1929), S. 721–735. Der Abdruck folgt der erweiterten Fassung als Heft 68 in der Schriftenreihe *Recht und Staat in Geschichte und Gegenwart*, Tübingen 1930]

Anmerkungen

1 [Otto Mayer, *Deutsches Verwaltungsrecht*, Band 1, 2. Auflage, München 1914, S. 44].

2 [Vgl. Montesquieu, *Vom Geist der Gesetze* (1748), übersetzt von Ernst Forsthoff, Band 1, Tübingen 1951, S. 259 (Buch XII, Kapitel 2)].

3 [Wilhelm von Humboldt, *Ideen zu einem Versuch die Gränzen der Wirksamkeit des Staats zu bestimmen* (1792), in: ders., *Gesammelte Schriften*, herausgegeben von der Königlich-Preußischen Akademie, Band 1, Berlin 1903, S. 179].

4 [Robert von Mohl, *Enzyklopädie der Staatswissenschaften*, Tübingen 1859, S. 329. Die Ergänzungen in den eckigen Klammern stammen von Heller].

5 Vgl. das Urteil des Reichsgerichts in Zivilsachen vom 4. November 1925, Band 112, S. 71.

6 [Hans Kelsen, *Vom Wesen und Wert der Demokratie.* Zweite, erweiterte Auflage 1929, in: ders., *Verteidigung der Demokratie. Abhandlungen zur Demokratietheorie*, herausgegeben von Matthias Jestaedt und Oliver Lepsius, Tübingen 2006, S. 211].

7 [Friedrich Nietzsche, *Zur Genealogie der Moral* (1887), in: ders., *Kritische Studienausgabe*, Band 5, herausgegeben von Giorgio Colli und Mazzino Montinari, München 1988, S. 274 f.].

8 [Benito Mussolini, *Il discorso di Napoli* (Oktober 1922), in: ders., *Opera omnia*, Band 18, Florenz 1951, S. 457].

9 [Charles Maurras, *L'action française et la religion catholique*, Paris 1913, S. 73].

10 [Oswald Spengler, *Der Untergang des Abendlandes. Umrisse einer Morphologie der Weltgeschichte*, Band 2, München 1922, S. 457].

11 [Spengler, *Untergang*, Band 2, S. 414].

12 [Spengler, *Untergang*, Band 2, S. 412].

13 [Spengler, *Untergang*, Band 2, S. 445].

14 [Spengler, *Untergang*, Band 2, S. 541].

15 Othmar Spann, *Der wahre Staat*, Leipzig 1921 [S. 274. Die Ausrufezeichen in den Klammern stammen von Heller].

16 [Sie wurde am 21. April 1927 von Mussolini dekretiert].

17 [Alfredo de Rocco, in: *Atti del Parlamento Italiano. Camera dei deputati. XXXVII legislatura. Vol. VIII*, S. 8510].

18 [Enrico Corradini, *Il regime della borghesia productiva*, Rom 1918, S. 47].

5. Freiheit und Form in der Reichsverfassung

Eine heutige deutsche Verfassungsfeier darf ihre Legitimation nicht von historischen Reminiszenzen ableiten. Gewiß hat die Weimarer Verfassung die Frage, was sie in den elf Jahren für das deutsche Volk geleistet hat, in keiner Weise zu scheuen. Den feierlichen Rückblick müssen wir aber ruhigeren und satteren Zeiten überlassen. Uns steht die Weimarer Verfassung zu nah, uns ist sie noch zu sehr Gegenstand des aktuellen Kampfes, zu sehr Aufgabe und viel zu wenig Erfüllung, als daß wir sie anders als in ihrer Gegenwarts- und Zukunftsbedeutung feiern wollten und könnten.

Um dieser ihrer Bedeutung gerecht zu werden, müssen wir uns grundsätzlich nach dem Wesen und der Aufgabe einer Verfassung im gesellschaftlich-geschichtlichen Leben fragen. Eine Staatsverfassung ist, sie mag geschrieben oder ungeschrieben gelten, immer die Grundnorm und deshalb die politische Grundform des Zusammenwirkens der gesellschaftlichen Mächte innerhalb eines Volkes. Sie ist, wie Hegel einmal sagte, die Gegliederung der Staatsmacht, damit aber zugleich – nach einem bekannten Wort von Lassalle – der Ausdruck der tatsächlichen Machtverhältnisse.

Nicht das Blatt Papier und nicht die ideelle juristische Norm entscheiden über Wert oder Unwert einer Verfassung. Entscheidend allein ist einmal, welche tatsächlichen gesellschaftlichen Machtverhältnisse eine Verfassung zuläßt, billigt oder verwirft und welchen zukünftigen Machtverhältnissen eine Verfassung dienlich ist.

Alle Verfassungen sind einmal aus dem schöpferischen Chaos einer Revolution entstanden und sind, soweit sie statische Form und Norm geworden sind, geformte, bis zu einem gewissen Grade aber auch erstarrte Vergangenheit. Gegenwärtige Formkraft besitzt eine Verfassung nur insoweit, als sie lebendiger Ausdruck der tatsächlichen gesellschaftlichen Machtverhältnisse ist, d. h. soweit ihre statische Form von der Dynamik der ungestalteten aber umgestaltenden Kräfte des Volkes durchblutet wird. Gut ist eine Verfassung immer nur dann, wenn sie den die Zukunft gestaltenden Kräften des Volkes Freiheit läßt für die künftige politische Formung.

Entscheidend für den Wert einer Verfassung ist also dieses Verhältnis von gestalteter Form und gestaltender Freiheit. Die vollendetste Verfassung wäre gewiß diejenige, in der das notwendige Spannungsverhältnis von Freiheit und Form aufgehoben und die politisch-soziale Form von allen Mitgliedern in Freiheit bejaht würde. Solche Gemeinschaft freiwollender Menschen, wie sie ein neukantischer Rechtsphilosoph der Gegenwart genannt hat, bildete den idealen Richtpunkt in der Sozialphilosophie sowohl eines Fichte wie Karl Marx. Für eine historisch-soziologische Staatsauffassung bleiben aber Freiheit und Form, Individuum und Gemeinschaft in einem ewigen, wenn auch geschichtlich immer wechselnden Spannungsverhältnis.

Diese Spannung, in der die Form der Einheit und die Freiheit der Vielheit immer stehen, wird dann am geringsten sein, wenn die Vielheit geistig und sozial relativ homogen ist und infolgedessen das gleiche politische Formideal in ihrer Ganzheit freudig und freiwillig bejaht. Nur statische Zeiten, welche eine der Gesamtheit zumutbare religiöse, politische und soziale Wert- und Willensgemeinschaft kennen, kommen einem solchen Verfassungsideal relativ nahe.

Unsere Zeit, die von einer geistig-sozialen Homogenität weiter entfernt ist als jede frühere, wird in ihren Ansprüchen an eine Verfassung niemals vergessen dürfen, daß man mit juristischen Dekreten eine solche Wertgemeinschaft nicht schaffen kann. Für Wertvorstellungen und der Revolutionierung aller gesellschaftlichen Formen ist deshalb das Problem des Verhältnisses von Freiheit und Form in der Staatsverfassung ein besonders schwieriges und gefährliches. Denn ein Zuwenig an Form würde schließlich Trotzkis ‚permanente Revolution' bedeuten, einen kulturvernichtenden Bürgerkrieg, der nicht einmal das russische, geschweige denn ein europäisches Volk auszuhalten vermag. Ein Zuwenig an Freiheit aber, wie es die fascistische Diktatur darstellt, von der Mussolini mit einem auch politisch nicht recht verständlichen Stolz gesagt hat, sie sei schon des öfteren über den halbverwesten Leichnam der Göttin Freiheit hinweggeschritten, eine solche Verfassung unterbindet gerade für die zukunftsgestaltenden Kräfte die Möglichkeit einer höheren politischen Form.

In der heutigen Situation Deutschlands würde die bolschewistische Diktatur – von allen außenpolitischen Fragen ganz abgesehen – den zügel- und regellosen Kampf, das kulturvernichtende Chaos, die fascistische Diktatur aber die gewaltsame Unterbindung von Zukunftsmöglichkeiten bedeuten, und ihre starre Form müßte bald durch eine Explosion zerbrochen werden.

Gut nennen wir also eine heutige Verfassung, welche die historisch notwendige Form verwirklicht, indem sie den geschichtlich unausweichlichen Kampf in kulturermöglichende Formen bringt, den schöpferischen Kräften aber die Freiheit zur Gestaltung einer schöneren Zukunft läßt. Treten wir mit diesen Maßstäben an die Weimarer Verfassung heran, so muß es zunächst Wunder nehmen, daß ihre Gegner ihr immer wieder vorwerfen, daß sie aus einem Zusammenbruche stamme. Unsrer Meinung nach gereicht ihr gerade diese Tatsache zum hohen Lobe. Wo waren denn ihre heutigen Kritiker, als die Grundlagen dieser Verfassung gelegt wurden, als verantwortungsbewußte Männer oft genug unter Lebensgefahr sich dem Chaos entgegenstemmten, die Führer des alten Regimes aber, welche dieses Chaos unzweifelhaft verschuldet hatten, entweder ins Ausland flohen oder aber, die Devise ‚Mit Gott für Kaiser und Vaterland' streichend, nach der verfassunggebenden Nationalversammlung und dem schützenden Dach der Demokratie schrieen?

Wieviel Undankbarkeit, wieviel Unverstand, ja welche Frechheit gehört doch dazu, heute zu behaupten, diese Verfassung sei uns von der *Entente* aufgezwungen worden. Wissen diese angeblich so nationalen Leute wirklich nicht, daß es einzig und allein dem Werk von Weimar zu danken ist, wenn Frankreichs heißester Wunsch, die Auflösung des Deutschen Reiches, nicht in Erfüllung gegangen ist?

Und wie billig ist es heute, da die demokratisch-parlamentarische Republik aufgerichtet ist, unter dem Schutze ihrer verfassungsrechtlichen Freiheitsgarantien diese Republik selbst in Grund und Boden zu kritisieren. Besonders kultiviert und geistreich kommen sich dabei jene Kritiker von links und rechts vor, die der Weimarer Verfassung Mangel an Stil vorwerfen, den einheitlichen Geist vermissen und ihr nachsagen, sie habe die politischen Grundentscheidungen nicht getroffen, sondern sei ihnen ausgewichen, habe sie vertagt.

Man braucht gewiß kein scharfsinniger Staatstheoretiker zu sein, um die Widersprüche im zweiten Hauptteil der Reichsverfassung, in den Grundrechten und Grundpflichten, aufzudecken.[1] Jedermann kann dort kapitalistische und sozialistische Grundsätze, Garantien für den Mittelstand, für den Unternehmer und den Handarbeiter, sowie auch mancherlei kulturpolitische Widersprüche entdecken.

Die Weimarer Verfassung ist eben der Ausdruck der tatsächlichen gesellschaftlichen Machtverhältnisse. Würde man nun jene Kritiker konkret fragen, welche Grundentscheidungen sie denn in der gegebenen Machtsituation für die richtigen und möglichen halten, so träte augenblicklich ein recht verlegenes Schweigen ein. Daß man leicht eine sozialistische oder eine von allen öffentlichen Bindungen und Sozialisten freie Wirtschaft auf dem geduldigen Papier hätte dekretieren können, ist ebenso sicher, wie die Tatsache, daß diese Dekrete Papier geblieben wären.

Und wie steht es mit den sonstigen Widersprüchen? Könnte irgendeine deutsche Verfassung das Verschwinden des Mittelstandes oder der Unternehmerschaft dekretieren oder könnte sie der organisierten Handarbeiterschaft ihr Selbstbewußtsein nehmen? Oder könnte irgendeine andere Verfassung wirklich eine katholische, protestantische oder bolschewistische Kulturpolitik dekretieren?

Nein! Denn diese Widersprüche gehen nicht auf die Verfassungsgesetzgeber zurück, sondern liegen in unserer geistesgeschichtlichen und sozialen Situation. Dort müssen sie zunächst beseitigt werden, und daß unsere Verfassungsform uns die freie

Möglichkeit zu ihrer Beseitigung gibt, das gerade ist ihre beste Eigenschaft. Die Bismarcksche Verfassung mit ihrem Bundesrat und dem preußischen Dreiklassenwahlrecht konnte wie jede autokratische und diktatorische Verfassung nur gewaltsam umgestürzt werden. Die Weimarer Verfassung hat allen lebendigen gesellschaftlichen Kräften Rechtsventile offen gelassen, die eine gewaltlose Beseitigung der gesellschaftlichen Widersprüche gestatten.

Eben diese Struktur unsrer Verfassung reizt aber unsre ästhetisch-heroischen Revolutionsromantiker von links und rechts. Sie nennen sie ein faules und formloses Kompromiß zwischen monarchisch-liberalem Rechtsstaat und politisch-sozialer Demokratie. Weil beide eine, wenn auch in ihrem Inhalt sehr verschiedene Diktatur anstreben, erklären sie in merkwürdiger Übereinstimmung Gewaltenteilung und Grundrechte der Verfassung für überlebte Vorurteile eines bourgeoisen Rechtsstaats. Ihr Ideal ist die unkontrollierte Gewalt, die hemmungslos, deshalb aber auch willkürlich auf den Staatsbürger einwirken kann, in Gericht und Verwaltung an keine Gesetze gebunden ist und ohne Gesetz und Richter dem Bürger vorschreiben will, was er denken, reden, schreiben und lesen darf. Sie behaupten, Gewaltenteilung und Grundrechte hinderten sie an der radikalen gewalttätigen Durchsetzung ihres neuen politischen Formideals.

Nun sind wir keineswegs derartige Ideologen, daß wir meinten, Gewalt sei in der Politik an sich etwas Böses. Gewalt ist als solche immer nur ein Mittel, das erst durch seinen Zweck gerechtfertigt oder verworfen wird. Besitzen nun jene Gewaltanbeter das sie legitimierende neue politische Formideal? Wie heißt es, wie sieht es aus?

Weder links noch rechts ist dieses neue politische Ideal in Wahrheit zu finden. Soweit sich jene Romantiker der Revolution es nicht am einfachsten machen, indem sie jede politische Zielsetzung als rationalistisch abtun und sich auf einen irrationalen Aktivismus berufen, der in Wahrheit nichts ist, als eine sterile Aufgeregtheit, servieren sie uns das nicht gerade verlockende und noch weniger anwendbare Moskauer Rezept oder sie reden auf der Rechten vom Staat als höherem Dritten oder machen große Worte vom Dritten Reich, ohne damit irgendwelche Vorstellungen zu verbinden.

Der Staat ist immer ein von bestimmten gesellschaftlichen Mächten beherrschter Willensverband, er schwebt niemals über den sozialen Wassern als höherer Dritter. Und gerade dieser sozialen Bestimmung weicht die Lehre vom höheren Dritten mit Absicht aus.

Vom Dritten Reich aber wissen die Nationalsozialisten nur das eine auszusagen: wen sie nicht darin haben wollen – die Juden. Wie diese neue Form sonst beschaffen sein soll, das haben sie nicht gesagt und können sie nicht sagen, weil sie es selbst nicht wissen.

Sittlich kann man allen diesen Revolutionsromantikern von links und rechts den berechtigten Vorwurf machen, daß sie zu einem blutigen und sinnlosen Bürgerkriege hetzen. Vom historischen Standpunkt ist ihre Ideenlosigkeit verzeihlich.

Denn tatsächlich leben wir in einer Zeit, in der die alten politischen Formideale nicht mehr und die neuen noch keine Geltung haben. Die Monarchie ist nach dem bekannten Wort eines deutschnationalen Abgeordneten eine Kinoangelegenheit geworden, der liberale Rechtsstaat ist den heutigen Aufgaben nicht mehr gewachsen, die politische Form eines sozialen Rechtsstaates ist aber erst im Werden.

In dieser geschichtlichen Lage ist die offene politische Form der Weimarer Verfassung die uns allein angemessene.

Wir feiern die Weimarer Verfassung nicht, weil sie uns bereits Erfüllung wäre, sondern weil sie uns unsere Aufgabe ermöglicht.

Wir schützen sie und fordern für sie Achtung, weil sie uns die Freiheit gibt, in Zukunft eine einheitlichere und höhere Form zu verwirklichen.

Wir haben das Recht, von allen deutschen Staatsbürgern aller politischen Richtungen für sie Achtung zu fordern, weil diese Verfassungsform allen Gruppen die gleichen Kampfbedingungen gewährt.

Wir geloben, die Weimarer Verfassung gegen alle Angriffe von Gewaltideologen zu verteidigen. Wenn diese Angreifer immer wieder ironisch von Wahlzetteldemokratie sprechen, so wollen wir ihnen eines ganz deutlich sagen:

Wir wissen sehr genau, daß man einen Staat nicht allein mit Wahlzetteln sichert und wir werden ihnen dieses Wissen in dem Augenblick praktisch beweisen, wo sie einen Gewaltangriff versuchen sollten. Dann werden wir die Weimarer Verfassung verteidigen, wenn es sein muß mit der Waffe in der Hand!

[Zuerst veröffentlicht in: *Die Justiz. Monatsschrift für die Erneuerung des deutschen Rechtswesens, zugleich Organ des Republikanischen Richterbundes*, Jahrgang 5 (1929/30), S. 672–677].

Anmerkung

1 [Vgl. Carl Schmitt, *Verfassungslehre*, Berlin 1928, S. 30–32].

6. Der Beamte im sozialen Volksstaat

Ich möchte einleitend ausdrücklich betonen, daß die Gedanken, die ich Ihnen vorzutragen habe, durchaus meine *persönlichen* sind und in keiner Weise den ADB[1] binden.

Es wird viel von der Krise des Berufsbeamtentums gesprochen, und es werden viele Vorschläge zu ihrer Beseitigung gemacht. Aber es wird selten klar die Aufgabe und die Stellung untersucht, die dem Berufsbeamtentum zukommt, so daß *diese Unklarheit und Unsicherheit gerade selbst dazu beiträgt, daß über kurz oder lang ernste Gefahren für das Berufsbeamtentum entstehen.*

Die Geschichte zeigt uns von der Zeit des Feudalismus an, daß der Staat sich stets auf einzelne Teile der Gesellschaft als seine Grundlage gestützt hat. So war in der Vorkriegszeit entgegen allen Behauptungen des Bürgertums eine *Parteiherrschaft* vorhanden, die mit dem stärksten Gewissenszwang für die Beamten verbunden war.

Ein solcher Gewissenszwang ist am schärfsten, wo die Diktatur regiert.

In Italien sind selbst die Richter ohne weiteres absetzbar, wenn ihre allgemeine Einstellung in einem unvereinbaren Gegensatz zu den allgemeinen politischen Richtlinien der Regierung steht, wie sie jeweils der Diktator gibt. Die Diktatur verträgt es nicht, daß der Wille des Diktators an irgendwelche Rechtsnormen gebunden ist.

Sie kann keinerlei wohlerworbene Rechte und erst recht nicht wohlerworbene Rechte ihrer Beamten vertragen.

Angesichts der Entwicklung und der Stellung, die das Berufsbeamtentum in der Vorkriegszeit in Deutschland hatte, war es verständlich, daß die Gegner dieser Pseudoautokratie leicht in die Versuchung kamen, nun jede Bürokratie, jedes Berufsbeamtentum überhaupt, für unvereinbar mit der Demokratie zu halten.

Heute ist die Notwendigkeit eines Berufsbeamtentums auch in der Demokratie unbestritten.

Aber wir stehen vor der Frage: Wie soll dieses Berufsbeamtentum zum Volk, zum Staat, zu den Parteien stehen, wer soll zu ihm gehören, wie sollen seine Rechtsverhältnisse gestaltet werden?

Ohne eine bis ins kleinste geordnete Staatsorganisation ist das Leben in unserer zivilisierten Gesellschaft nicht mehr denkbar. Diese feine Organisation braucht eine Bürokratie, die, fachlich vorgebildet, die Verwaltung führt. *Aber es ist nicht wünschenswert, daß allzu viele Personen im öffentlichen Dienste Beamte sind.* Nicht etwa aus Finanzgründen, denn das Beispiel Italiens zeigt, daß die Entbeamtung nicht zur Verbilligung der Verwaltung führt. Aber deshalb, weil die Widerstände gegen das Berufsbeamtentum zum allergrößten Teile aus der Ausdehnung des öffentlich-rechtlichen Beamtenverhältnisses resultieren und die sozialen und ökonomischen Interessen der öffentlichen Funktionäre *durch arbeitsrechtliche Formen ebenso gut oder besser gesichert werden können wie durch das öffentlich-rechtliche Beamtenrecht.* Wenn diese Sicherung geschaffen wird, so ist es vom Standpunkt der Interessen der öffentlichen Funktionäre aus nur noch die Frage, wie man die Institution bezeichnet, nicht mehr eine Frage der sozialen und ökonomischen Interessenlage. Das liegt um so näher, *als vielfach die Beamteneigenschaft nur deshalb verliehen wird, um den Funktionär unter schlechtere Arbeitsbedingungen zu bringen, daß erfahrungsgemäß ausschließlich zu diesem Zwecke unzählige Male Arbeiter und Angestellte zu Beamten gemacht worden sind.*

Dieser Vorschlag liegt um so näher, als mit dem Wandel der Staatsform sich auch die Stellung und die Aufgaben des Berufsbeamten gewandelt haben. In der *Monarchie* war das Beamtentum ein volksfremder, künstlich isolierter Stand. Der soziale Rechtsstaat kann eine solche Entfremdung zwischen dem Volk, von dem die Staatsgewalt ausgeht, und den Organen der Staatsgewalt nicht ertragen. Undenkbar ist also, daß der Vorschlag durchgeführt wird, der von einer anderen Beamtenorganisation zu Strafgesetz gemacht wurde und der den Beamten außerhalb ihres Amtes einen besonderen strafrechtlichen Schutz gewähren will. Unzweifelhaft ist es rechtstheoretisch richtig und politisch notwendig, das Beamtenrecht als einen Teil des Arbeitsrechts zu betrachten und zu behandeln. Nicht als ob das Beamtenrecht mit dem Arbeitsrecht bis in alle Einzelheiten identisch sein müßte, aber der Beamte ist Beamter geworden, weil der Staat seine Arbeit brauchte. Daraus ergibt sich, daß auch das *Streben nach möglichst hohem Arbeitsentgelt in der Beamtenschaft vorhanden und berechtigt ist.*

Aber in unserer Wirtschaft kann eine mit der herrschaftlichen Exekutive beauftragte Bürokratie kein Einkommen beziehen, das ausschließlich nach dem Gedanken der Leistung und Gegenleistung berechnet wird. Notwendig ist, daß die Beamten ihre Ehre und ihren Stolz dareinsetzen, dem Staate trotzdem treu zu dienen. Nur so läßt sich erreichen, daß das Beamtentum gerade in der kapitalistischen Wirtschaft nicht von den finanzkräftigen Kreisen mißbraucht und korrumpiert wird.

Der Beamte soll seine Ehre im Dienste am Volke, nicht in der Herrschaft über das Volk finden. Das bedeutet, daß die Bürokratie nicht die politische Führung des Volkes, sondern die Ausführung des Willens der politischen Führung zu leisten hat.

Das Kabinett, die Minister und nicht die Ministerialbürokratie haben die politische Entscheidung.

Die Bürokratie ist zur politischen Führung nicht geeignet, wie am besten die Fehler beweisen, die das Kaisertum mit den treuen Beamten Bethmann-Hollweg und Michaelis begangen hat.

Soll die Bürokratie die politische Führung haben, so werden ihre Tugenden in der Ausführung zu *Untugenden.* Das bedeutet zugleich die Beseitigung der Demokratie.

Deshalb kann die Trennung zwischen Führung und Ausführung, zwischen Kabinett und Bürokratie gar nicht scharf genug gezogen werden.

Die Bürokratie wahrt die Stabilität und Neutralität der Verwaltung. Die Regierung aber hat politische Ziele zu setzen, muß innerhalb vieler Möglichkeiten *eine* mit aller Macht anstreben, muß dabei stets die *eine* Gruppe bevorzugen, die andere zurücksetzen, muß also wie in den vergangenen Jahrhunderten so auch heute und immer im Grunde stets parteipolitisch sein und bleiben. Die Bürokratie aber hat die Aufgabe, diese ihr gesetzten Ziele durchzuführen, gleich, welche Gesinnung der einzelne Beamte selbst haben mag. Dazu gehört eine gewisse politische Entsagung des einzelnen. Aber diese Entsagung ist im parlamentarischen Staate weit geringer, als sie in der Diktatur oder auch in der konstitutionellen Monarchie gewesen ist und sein muß.

Wenn die Bürokratie sich nicht in ihrer Amtstätigkeit diese politische Entsagung auferlegt, so läuft sie Gefahr, über kurz oder lang alle die politischen Rechte zu verlieren, die der parlamentarische Staat ihr gegeben hat.

Denn der Staat ist nicht eine Institution, die einmal eingerichtet ist und deshalb besteht, sondern der Staat muß *täglich neu errungen und verteidigt* werden durch die Staatsgesinnung *aller* Bürger.

Wenn die Bürokratie diese Entsagung nicht übt, wenn sie die politische Führung an sich nimmt, so läuft sie Gefahr, daß das Berufsbeamtentum durch ein Partei-Beamtentum ersetzt wird, daß eine korrupte Dilettantenverwaltung entsteht, in der alle Funktionäre bei jedem Regierungswechsel, also unter Umständen alle paar Monate, durch neue ersetzt werden. Dann entsteht das System, das in Amerika möglich war, das aber dort heute schon weitgehend beseitigt und bei uns überhaupt nicht tragbar ist. Dieses abschreckende Beispiel hat allerdings für die deutschen Verhältnisse nur beschränkte Bedeutung, denn die Republik fand eine Bürokratie vor, die absolut parteipolitische einseitig zusammengesetzt war.

Bis zur Revolution war der größte Teil unseres Volkes infolge seiner politischen Einstellung überhaupt nicht ämterfähig.

Es war nur selbstverständlich, daß das gründlich geändert wurde und noch weiter geändert werden muß, und daß diese Änderung mit dem amerikanischen Parteibeamten-System nichts zu tun hat. Vielfach wird allerdings der Blick der Öffentlichkeit gerade auf diese scheinbare politische Ämter-Patronage der republikanischen Parteien in Deutschland gelenkt. Man will davon ablenken, daß die viel gefährlichere Klassenpatronage heute noch das durchaus herrschende System ist, d. h. daß durch die mannigfachsten Verbindungen und wirtschaftlichen

Einflüsse die Besetzung maßgebender Stellen in der Verwaltung beeinflusst wird. Wenn aber die Bürokratie die vom Parlament und der Regierung bestimmten Ziele loyal verwirklicht, dann soll für die Besetzung der Stellen nur die *persönliche Eignung* entscheidend sein. Damit verzichtet die Regierung durchaus nicht die erforderliche Bewegungsfreiheit; diese bleibt ihr durch die politischen Beamten, die jederzeit entlassen werden können, und durch die Möglichkeit, bei gleicher Eignung nach der politischen Gesinnung auszuwählen. Geht sie nur nach dem Parteibuch, so erzieht sie Gesinnungslosigkeit und Beamte, die nun erst recht unzuverlässig sind. Aber keinesfalls soll eine unabhängige Bürokratie geschaffen werden, die vom übrigen Volk hermetisch abgeschlossen ist und im Sinne der bekannten Vorschläge Köttgens die eigentliche Führung der Staatsgeschäfte haben würde,[2] denn das wäre der Anfang der Diktatur.

Wenn der Beamte nur ausführendes Organ in hierarchischer Unterordnung unter den Minister ist, so ist es schwer erträglich, daß dem Minister seine eigenen Beamten im Parlament als Abgeordnete entgegentreten. Der Beamte kann auch sein Amt nicht unparteiisch führen, wenn er den übrigen Staatsbürgern in einem Wahlkampf als schärfster Gegner entgegentritt. Deshalb haben die großen Demokratien England, Frankreich und Amerika den Beamten das passive Wahlrecht genommen, und *es wird gerade im Interesse des Staates und des Beamtentums notwendig sein, daß auch in Deutschland für die Träger der hoheitlichen Verwaltung, die allein dem öffentlichen Beamtenrecht unterstellt sein sollen, die gleiche Regelung getroffen wird.*

Der Kreis derjenigen, die als politische Führer in Betracht kommen, wird damit keineswegs eingeschränkt, weil ja die Verleihung der Beamteneigenschaft auf die Träger von Hoheitsfunktionen beschränkt und für die übrigen öffentlichen Funktionäre eine sozial und ökonomisch gleichwertige Regelung des Privatarbeitsrechts geschaffen werden soll. Die Gewerkschaften sind auch stark genug, ihren maßgeblichen Einfluß auf die Beamtengesetzgebung weiter auszuüben, selbst wenn ihnen nicht mehr die Abgeordneten in der bisherigen großen Zahl zur Verfügung stehen, die ja die mannigfachen Rechtsverschlechterungen nicht verhindern konnten und deren Zahl dem Beamtentum im Volke viele Feinde gemacht hat.

Die Beamten sollen und brauchen also auf die Wahrung ihrer Berufsinteressen damit keinesfalls zu verzichten.

Es handelt sich hier um die ernsteste Frage des Berufsbeamtentums überhaupt, nämlich die Frage, wie verhindert werden kann, daß das Vertrauen zur Unparteilichkeit des Beamtentums noch weiter schwindet. Wer nicht alles tut, um diese Frage zu lösen, der leistet den Mächten Vorschub, denen heute in erster Linie der Kampf gilt. Man kann sich nicht einfach darauf berufen, daß der Beamte in seiner politischen Betätigung unbeschränkt Privatmann sei, denn das Volk, das die Grundlage alles Staatslebens ist, versteht nicht, wie ein Mann unparteiisch seines Amtes walten will und könnte, der sich in seiner politischen Betätigung keinerlei Einschränkung unterwerfen will. Das gilt besonders in der jetzigen politischen Situation, in der wir sehen, daß jeder fünfte Deutsche seine Stimme einer Partei geben konnte, die ihre Ziele selbst nicht kennt, in der also offenbar wird, wie vorsichtig die politische Urteilsfähigkeit unseres Volkes eingeschätzt werden muß, und in der selbstverständlich wäre, daß eine Ämterpatronage der Parteien, die unfehlbar eintritt, wenn das Beamtentum nicht relativ entpolitisiert wird, in Reich und vielleicht bald schon in allen Ländern auch der jetzt zweitstärksten Partei zugute kommen würde.

Diese relative Entpolitisierung soll aber auf die Beseitigung des passiven Wahlrechts beschränkt werden.

Wenn man den Beamten auch das aktive Wahlrecht nähme und vielleicht die Zugehörigkeit zu politischen Parteien überhaupt verbieten wollte, so würde man sie unfehlbar nicht nur parteipolitisch, sondern überhaupt politisch und damit staatlich desinteressieren, ein Versuch, der nur in der Diktatur gemacht werden kann, aber auch gemacht werden muß.

Das Beamtentum findet seinen stärksten Gegner, nicht unter denen, die überzeugte Anhänger der Demokratie sind, sondern in den Kreisen der sogenannten Wirtschaft in deren kapitalistisches System das Beamtentum nicht recht passen will. Wirksam kann das Beamtentum diese Gegner nur bekämpfen, wenn die Beamten von sich aus erklären, daß nicht alle, die jetzt Beamte sind, dem öffentlich-rechtlichen Beamtenverhältnis zu unterstehen brauchen und trotzdem *sozial ebenso gestellt* sein können wie heute. Und wenn die übrig bleibenden öffentlich-rechtlichen Beamten dieses Opfer des Verzichts auf das passive Wahlrecht und den Verzicht auf politische Führung auf sich nehmen.

Verkehrt ist es aber auch, den Beamten einseitig Opfer aufzuerlegen.

Die vielen Tausende von Beamtenstimmen, die den Nationalsozialisten zugefallen sind, sind zum Teil erst durch das Notopfer geschaffen.

Dagegen muß die Beamtenschaft nicht nur in ihrem eigenen Interesse, sondern gerade im Interesse des Staates kämpfen. Wenn die große Masse der Beamten *so elend wie jetzt bezahlt* wird, so ist in der Tat die Korruption nicht zu verhindern, und gerade die hohen Beamten sollten das erkennen und selbst in ihren Ansprüchen zurücktreten. Wird nicht hierin Wandel geschaffen, so kann die *Radikalisierung* der Beamtenschaft nicht aufgehalten werden, so gehen diese beiden Schichten des Beamtentums für einen sozialen Rechtsstaat überhaupt verloren.

Relative Entpolitisierung durch Verzicht auf das passive Wahlrecht seitens der Beamten in der obrigkeitlichen Verwaltung, Ersetzung des öffentlich-rechtlichen Beamtentums in den Betrieben durch ein sozial gleich- oder höherwertiges privatrechtliches Anstellungsverhältnis und ausreichende Bezahlung gerade der untersten Gruppen der öffentlichen Funktionäre, das sind die Vorschläge, die ich zu machen habe und die gerade in Ihren Kreisen diskutiert werden sollten.

Das Beamtentum hat es in der Hand, ob es einem „starken Mann“ willenlos unterordnet sein, oder ob es dem deutschen Volke dienen will. Es hat schon einmal das Schicksal des Staates in der Hand gehabt und mit den Arbeitern und Angestellten die Diktatur abgewendet. Tun Sie alles, um einen zweiten Diktaturversuch vom Staat und von der Beamtenschaft abzuwehren.

[Erstmals erschienen in: *Allgemeine Deutsche Beamtenzeitung*, Heft 106 (1930), S. 11–12].

Anmerkungen

1 [Allgemeiner Deutscher Beamtenbund].

2 [Vgl. Arnold Köttgen, *Das deutsche Berufsbeamtentum und die Demokratie*, Berlin 1928].

7. Genie und Funktionär in der Politik

Die Krise des modernen demokratischen Staates ist begründet einerseits in dem kritischen Zustand der modernen Gesellschaft; sie wird aber andererseits ungebührlich vergrößert durch gewisse kritische Maßstäbe, welche man an diesen politischen Zustand anzulegen pflegt.

Daß der zentrale innerpolitische Gegensatz heute der sicherlich nicht eingleisige, sondern mit sehr verwickelten Fronten gekämpfte Klassengegensatz ist; daß die politische Situation durch ein labiles Gleichgewicht der entscheidenden sozialen Machtgruppen gekennzeichnet wird; daß diese Situation nur Koalitionsregierungen gestattet, deren Träger aus Mangel an sozialer Homogenität ihrer Gefolgschaft sich gegenseitig in ihren Aktionen hemmen und in diesem Sinne oft weitgehend neutralisieren; daß auf diese Weise eine aktionsfähige demokratische Regierung nicht selten höchst problematisch wird –, alles das dürfte heute ernstlich nicht zu bestreiten sein.

Daß aber das kritische Bewußtsein, mit welchem heute weiteste Kreise an dieses gesellschaftlich-politische Sein herantreten, selbst eine der wesentlichen Wurzeln dieser Krise ist, daß ein soziales Sein niemals unabhängig ist von dem Sollen, den Forderungen, Wünschen, Erwartungen, welche die Gesellschaftsmitglieder bewegen, das soll dargelegt werden.

Unser gesamtes Wissen von Staat und Gesellschaft ist produktiv und normativ, also gesellschaftsgestaltend und niemals objektiv oder neutral im Sinne von unbeteiligt; es bleibt in höherem oder geringerem Grade immer standortsgebunden. Wie immer man das Verhältnis von Sein und Bewußtsein bestimmen mag, immer wird die Diskussion ohne eine klare Herausstellung der vorausgesetzten Gesellschaftsideale und grundlegenden Maßstäbe verwirrend und unfruchtbar bleiben. Die historisch-politische Verumständung, die tatsächlichen Machtverhältnisse, das positive Recht, auf die man sich heute meist als ‚objektive' Faktoren zu berufen pflegt, sie selbst werden je nach den verschiedenen Ausgangspunkten gänzlich verschieden gedeutet und bewertet werden.

Die Krise des modernen Staates ist nicht zuletzt auch davon beeinflußt, welche Stellung man der Regierung in der Demokratie zubilligt. Zwei sich bekämpfende Ideale stehen sich hier gegenüber; das eine möchte Regieren als geniales Improvisieren, das andere als massenautomatisches Funktionieren verstehen. Die beiden Ideale bezeichnen, wie nachdrücklich hervorgehoben werden muß, zunächst nur zwei politische Methoden und nicht verschiedene politische Willensinhalte. Ob Massenautomatismus oder Geniereligion revolutionär oder konservativ sind, kann nur im konkreten Fall entschieden werden.

Für die massenautomatische Gesellschaftsauffassung ist und bleibt die Regierung eine Einrichtung ohne eigenständige politische Bedeutung. Denn nach ihrer vorausgesetzten Grundauffassung bildet sich die Staat genannte Entscheidungs- und Wirkungseinheit grundsätzlich und ausschließlich immer von unten auf, in der einstufigen Masse, ‚von selbst' und bedarf dazu entweder gar keiner oder doch nur eines Minimums an Führung von oben. In ihrer klassischen Form ist es die prästabilierte Harmonie des Liberalismus und dessen verlorenes und wiederzufindendes Paradies auf Erden, die jede Regierung als vorläufig notwendiges, aber möglichst bald zu überwindendes Übel versteht. Der Mensch ist gut oder kann es doch werden und braucht deshalb ‚eigentlich' gar keine Regierung. Für Johann Gottlieb Fichte etwa steht am Anfang der Zustand der vernünftigen Freiheit, der am Ende der Zeiten wiederkehren wird; Regierung aber ist nur in der sündhaften Gegenwart notwendig; ihr wahrer Zweck ist: sich selbst „überflüssig zu machen".[1]

Das regierungsfeindliche, weil seinerzeit antimonarchische Ressentiment des bürgerlichen Liberalismus und sein massenautomatischer Optimismus haben sich in voller Jugendfrische bis in unsere Tage konserviert, am reinsten und besonders widerspruchsvoll in jenem Sozialismus, der seine prinzipielle Oppositionsstellung nicht vergessen kann. Engels, der im Politischen ein Liberaler vom reinsten Wasser war, hatte das Ideal nach Überwindung des Klassengegensatzes folgendermaßen beschrieben: „Das Eingreifen einer Staatsgewalt in gesellschaftliche Verhältnisse wird auf einem Gebiet nach dem anderen überflüssig und schläft dann von selbst ein. An die Stelle der Regierung über Personen tritt die Verwaltung von Sachen und die Leitung von Produktionsprozessen. Der Staat wird nicht ‚abgeschafft', er *stirbt ab*."[2] Nach Bebels *Die Frau und der Sozialismus,* wohl dem meistgelesenen sozialistischen Buch in Deutschland, sind in der neuen Gesellschaft, deren Panier der „unausgesetzte menschliche Fortschritt und die unverfälschte Wissenschaft"[3] sind, alle Gegensätze verschwunden: „Befriedigung des persönlichen Egoismus und Förderung des Gemeinwohls stehen miteinander in Harmonie, sie decken sich."[4] Das Überflüssigwerden von Staat und Regierung, die sich Bebel im wesentlichen als Polizisten vorstellt, schildert er folgendermaßen: „Mit dem Staat verschwinden seine Repräsentanten: Minister, Parlamente, stehendes Heer, Polizei und Gendarmen, Gerichte, Rechts- und Staatsanwälte, Gefängnisbeamte, die Steuer- und Zollverwaltung, mit einem Wort: der ganze politische Apparat. ... Die Hunderttausende ehemaliger Repräsentanten des Staats treten in die verschiedensten Berufe über und helfen mit ihrer Intelligenz und Kräften, den Reichtum und die Annehmlichkeiten der Gesellschaft vermehren."[5] Der Sozialismus ist sich auch heute, da seine politische Stellung grundlegend gewandelt ist, noch viel zu wenig bewußt, in welchem Maße dieser Gedanke von der Ersetzung der Regierung über Personen durch die Verwaltung von Sachen – übrigens ein wörtliches Zitat aus Saint-Simon[6] – seinem ureigensten Wollen widerspricht und nichts anderes als ein liberales bürgerliches Erbgut darstellt.

Das juristische Korrelat dieses Massenautomatismus ist der Gesetzesautomatismus. Noch heute lernt der Student, im Rechtsstaat gäbe es drei Gewalten, die gesetzgebende und die richterliche Gewalt und schließlich die Verwaltung, welche der klassische Rechtsstaatsrationalismus als Vollziehung von Gesetzen ansieht. Unter dieser entpersönlichten, gesetzesautomatischen Verwaltung begreift er auch die Regierung. Daß schon die richterliche wie die Verwaltungstätigkeit die bedeutsamsten

Elemente subjektiver Entscheidung und freien Ermessens, damit aber menschlicher Herrschaft enthalten müssen, daß vor allem andern die Regierung als richtunggebende Initiative und Leitung sowohl in der Innenpolitik wie erst recht in ihrer Tätigkeit nach außen durch Gesetz entweder gar nicht oder nur in bestimmten Beziehungen bindbar ist, will der liberale Rechtsstaatsrationalist, der eben an die Vorausberechnung aller schöpferischen Zukunft glaubt, nicht wahr haben.

Im achtzehnten Jahrhundert unterstützte diese Lehre von der Einebnung der Regierung in die gesetzesvollziehende Verwaltung den Kampf des Bürgertums gegen die Prärogative des Monarchen. Im neunzehnten Jahrhundert dient sie, je nachdem, ob sie als Seins- oder Sollensbehauptung auftritt, sowohl dazu, das Mißtrauen gegen die Objektivität der staatlichen Exekutive zu wecken oder auch zu beruhigen. Das politische Ideal dieser Nomokraten ist die entpersönlichte ‚Gesetzesherrschaft', ihre ideale Regierung ein diese Gesetze anwendendes Gericht. Der konsequenteste Vertreter dieser Nomokratie in der Gegenwart ist Hans Kelsen, der die Formulierung riskiert: „Der Idee der Demokratie entspricht die *Führerlosigkeit.*"[7] In solcher Reinheit hat der Massen- und Gesetzesautomatismus heute allerdings Seltenheitswert. Als grundlegendes Ideal bildet er aber die Voraussetzung aller jener politischen Theorien, Ideologien und Aktionen, welche die selbständige Bedeutung einer repräsentativen Regierung leugnen. Hierher gehört ebenso Labands Identifizierung von politischer Repräsentation und privatrechtlicher Stellvertretung, wie jene politischen Auffassungen, welche in der Revolution zu den Bezeichnungen ‚Rat der Volksbeauftragten', ‚Vollzugsrat', ‚Vollzugsausschuß' kamen und auch heute in der Regierung nichts als einen ‚Ausschuß', ein ‚verkleinertes Abbild' des Parlaments sehen wollen. Hierher gehört der Antrag Cohn in der 25. Sitzung des Verfassungsausschusses der Nationalversammlung: „Der Reichstag hat die Oberaufsicht über die Verwaltung des Reichs und die Rechtsprechung, er kann der Reichsregierung und dem Reichspräsidenten bindende Weisungen in Verwaltungssachen erteilen."[8] Hierher gehört vor allem auch die fast klassische Formulierung eines sozialdemokratischen Publizisten: „Regieren im deutschen Parlamentarismus heißt vertreten sein"; noch besser wäre gewesen: ‚Sich vertreten lassen.'

Dem Massenautomatismus erscheint so die Regierung als eine demnächst zu überwindende technische Notwendigkeit, der keinerlei selbständige, eigenwertige politische Bedeutung zukommen darf. Schon sein gegenwärtiges politisches Handeln wird von der idealen Vorstellung beeinflußt, daß eines Tages das Regieren von einem massenautomatischen Funktionieren abgelöst wird.

Den polaren Gegensatz zum Funktionärideal bildet die politische Geniereligion. Diese heroisierende Gesellschaftsauffassung versteht die staatliche Einheit ausschließlich als das Werk genial wirkender Heroen und das ewig unmündige Volk lediglich als Wachs in den Händen dieser Führer. Der Massenautomatismus erstrebt die vollendete Abhängigkeit des Funktionärs von der ihn lenkenden Machtgruppe; der Heroenglaube erhebt das Genie über alle materiellen und ideellen Notwendigkeiten der Gesellschaft. Der erstere glaubt, daß die gemeinsame Vernunft oder gemeinsame Ideale und Gesetzmäßigkeiten die notwendige staatliche Einheit, eventuell nach Beseitigung des Klassengegensatzes, herrschaftslos herstellen würden. Die Geniereligion läßt die politische Einheit in der Vielheit durch keinerlei ideelle Wertgemeinschaft oder relativ objektive Gesetzmäßigkeit, sondern einzig und allein durch die Herrschaft eines *princeps legibus solutus* entstehen. Insbesondere in ihrer gegenwärtigen lebensphilosophischen Form erscheint ihr jeder Glaube an Idee und Vernunft in der Gesellschaft als Utopie. *Homo homini lupus* ist ihr pessimistisches Credo. In Parlamentarismus und Rechtsstaat vermag sie nur die Bindung der großen Führer an den Willen der Massen zu sehen, an die Allzuvielen, die doch nicht wissen, was sie wollen. Der Parlamentarismus zwingt den großen Menschen zur Diskussion, zum Verhandeln, und die Gewaltenteilung hemmt sein geniales Handeln. Einen Glauben an irgendwelche Sinngehalte der Politik besitzt solcher radikal desillusionierter Machiavellist nicht. Er ist Aktivist um der Aktivität willen; die gewalttätige Bewegung ist ihm alles, das Ziel nichts. Alle Ideologien von Christus bis Marx sind ihm gleichwertig und haben lediglich den Zweck, das starke Individuum im ewig gleichen Kreislauf der Eliten an die Macht zu bringen und ihm Regierung als geniale Improvisation zu ermöglichen. „Wir spielen auf allen Saiten der Leier, wir spielen von Gewalt und Religion, von Kunst und Politik",[9] erklärte Mussolini am 5. Oktober 1922, wenige Tage vor dem Marsch auf Rom. Die Notwendigkeit einer politischen Wertgemeinschaft wird von der Geniereligion zwar keineswegs bestritten; es wird aber behauptet, daß ihr Inhalt zur souveränen Disposition des starken Mannes steht, der ihn als Mythos ‚idealistisch', d. h. unabhängig von den sozialen und geistesgeschichtlichen Gegebenheiten und Notwendigkeiten der Gesellschaft improvisiert und mit Gewalt der Masse oktroyiert.

Die politische Geniereligion muß notwendig Gewaltreligion sein: kennt doch die Dynamik ihrer Staatsbildung ausschließlich die Richtung von oben nach unten. Die genialen Improvisationen des starken Mannes lassen sich nur durch Zwang und Herrschaft, dann aber unabhängig von inner- und außenpolitischen Bedingungen, von Vernunft und Einsicht, der Masse einbilden. Ihr Staatsideal ist heute, da das Zeitalter der legitimen Monarchie endgültig vorbei ist, die Diktatur.

Genie- oder Funktionärregierung, – schon die Fragestellung bedeutet die Alternative zweier Einseitigkeiten! Weder Massenautomatismus noch Geniereligion sind mögliche politische Denkweisen. Sowohl die massenautomatisch funktionierende, wie die genial improvisierte staatliche Einheit sind nur als Wunderaberglauben möglich. Das massenautomatische Wunder, eine verfälschte Erneuerung des alten Staatsvertragsgedankens, würde letztlich die Aufhebung aller gesellschaftlichen und individuellen Verschiedenheiten und Gegensätzlichkeiten, die Auflösung des Individuums in der Gesellschaft bedeuten. Anders ist die herrschaftslose, politische Einheit in der Vielheit der Gruppen und ihrer Funktionäre ohne repräsentative Entscheidung nicht vorstellbar. In jeder, erst recht in einer derart gespaltenen Gesellschaft wie der unsrigen, kann die lebensnotwendige politische Einheit nur durch Repräsentation, d. h.

durch eine von den Gegensätzen der koalierten Massen relativ verselbständigte Entscheidungsgewalt der Regierung hergestellt werden. In der Diktatur ist diese Repräsentation eine souveräne, d. h. von den beherrschten völlig verselbständigte, ihnen mit Gewalt aufgezwungene und von ihnen nicht abberufbare. In der Demokratie ist die repräsentative Stellung und Bestellung der Regierung eine magistratische.

Aber auch die demokratisch abberufbaren Repräsentanten müssen, solange sie zur Repräsentation berufen sind, eine weitgehende Ermessensfreiheit für ihre verantwortlichen Entscheidungen beanspruchen. Nur wer Entscheidungsgewalt hat, kann Verantwortung haben. Für die Herrschaft wie für die Verantwortung muß aber auch in der Demokratie das Gesetz der kleinen Zahl gelten. Nur so kann das in der Demokratie an sich schon sehr schwierige Problem der Verantwortung gelöst werden. Wenn mehrere hundert Abgeordnete die Verantwortung für eine Entscheidung tragen und gar noch Abgeordnete verschiedener Koalitionsparteien, so trägt niemand die Verantwortung.

Die repräsentative Zurechnung von politischer Verantwortung für Vorteile und Nachteile ist ein entscheidendes Element der Führerstellung. Jede Gefolgschaft wird unsicher, wenn sie keine Adresse weiß, an die sie sich halten kann. Ohne diese verantwortliche Entscheidungsgewalt kann kein Minister Vertrauen erwerben. Denn politisches Vertrauen kann man nur zu jemand haben, der weiß und, vor allem anderen, kann, was er will. Deshalb bemerkt der große Empiriker der Demokratie, James Bryce, man könne von gewöhnlichen Bürgern nicht viel an politischem Nachdenken und Aufmerksamkeit verlangen; wohl aber sei er imstande, einige wenige Männer für den öffentlichen Dienst auszusuchen und auch diese wenigen so im Auge zu behalten, „daß sie, jeder von ihnen, fühlen, sie trügen Verantwortung und müßten Rechenschaft geben, sei es für das, was sie selbst tun, sei es für ihre Aufsicht und Leitung andrer. Auf diese wenigen Leute muß der Scheinwerfer sein unablässiges Licht halten, im großen wie im kleinen Regierungsbezirk, in Stadt und Land, im Staat wie in der ganzen Nation.“[10]

Diese Repräsentanten, vor allem aber die Regierung, müssen den Mut zur Entscheidung und Verantwortung haben. Ein sächsischer Minister hat das entsetzliche Wort geprägt: „Lieber mit den Massen irren, als daß die Massen an uns irre werden." Mit solchen Maximen behält man zwar vorläufig seinen Posten, die Massen aber werden erst recht irre an einem Führer, der ihnen immer nur folgt, anstatt sie zu führen. Ein Minister, der nicht in jedem Augenblick seine Stellung zu riskieren bereit ist, wird schon deshalb schwach und im Parlament den dauernden Intrigen, Wünschen und Geschäften der Parteien ausgeliefert sein. Poincaré konnte sich in einer Koalitionsregierung, die in mancher Hinsicht schwieriger war als die deutschen Koalitionen, nur dadurch durchsetzen, daß er das Parlament immer wieder dazu zwang, ihn entweder als entscheidenden Repräsentanten anzuerkennen oder fortzujagen. Möglich, daß ähnliche Versuche bei uns ein- oder zweimal mißglücken würden. Beim dritten Male würde ein Kanzler, der wüßte, was er will, sich durchsetzen. Unser Parlamentarismus kennt bisher weder ein volles Mißtrauensvotum, noch eine ausdrückliche Vertrauenserklärung; man begnügt sich mit allerlei Halbheiten, mit beschränkten ‚Billigkeitserklärungen', Stimmenthaltungen, Koalitionen ohne Koalitionsbindungen usw. Selbstverständlich würde eine solche Verselbständigung der Regierung gegenüber dem Parlament eine Reihe von Neuordnungen unseres politischen Lebens zur Voraussetzung haben. Vor allem dürften der Kanzler und seine Minister nur mit einem Bein im Parlament stehen; mit dem andern müßten sie draußen, im Volk, in ihrer Parteiorganisation viel fester wurzeln, um gegebenenfalls das Parteiplebiszit gegen die Fraktion anrufen zu können.

Entgegen diesen einfachen Wahrheiten will das massenautomatische Gesetzesdenken in der Regierung nicht den Ort der einheitlichen Führung und verantwortlichen Entscheidung sehen, den Ort, an welchem zu allererst die vorhandenen Gegensätze unbedingt durch Kampf und Tat entschieden werden müssen; sondern Regieren heißt ihm massenautomatisches Funktionieren, Regierung ist ihm eine Art *clearing-house* der verschiedenen politischen Strömungen. Bei der gegebenen sozialen Gleichgewichtsstruktur muß aber eine heutige Koalitionsregierung nach dieser Auffassung zu einer massenautomatischen Verrechnungsstelle der vorhandenen Kräfte werden, die sich gegenseitig aufheben und mit mathematischer Notwendigkeit das Resultat Null, also Aktionsunfähigkeit der Regierung ergeben. Eine uneinheitliche, schwache oder völlig aktionsunfähige Regierung stellt sich dann als ein schicksalsmäßig notwendiger und deshalb richtiger Zustand dar, den kein vernünftiger Mensch bedauern, geschweige zu ändern versuchen kann. So wird diese willenslähmende Vorstellung, welche die niemals wirklich zu berechnende Gesellschaftsdynamik mechanisch verfälscht, selbst zu einem jener Faktoren, welche die vorhandene politische Krise in hohem Maße verstärken, die Ausrottung dieses Denkens zu einer wichtigen Voraussetzung der politischen Gesundung.

Als eine Art Erlösungsidee vom massenautomatischen Aberglauben beeinflußt die ebenso einseitige politische Geniereligion ebenfalls in verhängnisvoller Weise den an sich bereits krisenhaften Gesellschaftszustand, indem sie in den Menschen den Glauben erweckt, irgendein starker Mann vermöge, losgelöst von allen gesellschaftlichen Gegensätzen und Bindungen, die Neuschöpfung der politischen Einheit in sieben Tagen zu vollbringen. Gewiß ist es richtig, daß dann – aber auch nur dann –, wenn Genie und Situation zusammentreffen, Ereignisse entstehen können, über welche – um mit Goethe zu sprechen – die Welt vom Erstaunen sich noch Jahrhunderte nicht erholen kann. Unsinnig aber ist es, diesen bestenfalls alle hundert Jahre einmal eintretenden Ausnahme- und Gnadenzustand zum politischen Programm zu machen, ohne zu fragen, ob gerade diese konkrete Lage ein Genie besitzt und kennt, ohne zu fragen ob das etwa vorhandene und bekannte Genie sich in dieser Situation zu bewähren vermag.

Das deutsche Angebot an starken Männern von Hitler über Hugenberg bis Thälmann ist quantitativ gewiß nicht unbefriedigend, die Nachfrage aber bis jetzt der Qualität noch durchaus entsprechend. Eine politische Geniereligion ohne Genie erledigt sich aber von selbst. Bliebe also noch die Frage, was denn ein diktatorischer Gewaltapparat in den Händen eines Durchschnittsmenschen an unserer politischen Situation bessern soll? Unsre gegenwärtigen parlamentarischen Koalitionsregierungen sind sicherlich unbefriedigend genug. Ein verantwortungsbewußter Politiker soll aber nach einem treffenden Worte von Montesquieu niemals einen mangelhaften Zustand beseitigen, bevor er nicht weiß, was er Besseres an seine Stelle zu setzen vermag.

Nehmen wir also an, es sei tatsächlich möglich – was ich angesichts unsrer außenpolitischen Lage und angesichts des innerpolitischen Gleichgewichts der antagonistischen Kräfte ohne brutalste Gewaltanwendung und damit ohne schwerste dauernde Schädigung von Staat und Wirtschaft in Deutschland für ausgeschlossen erachte –, durch eine „starke, festformierte, in sich geschlossene, hierarchische Organisation" das veraltete „Verfassungsklischee" des parlamentarischen Rechtsstaats, an dem gerade die großen Industriestaaten „merkwürdigerweise" noch immer festhalten, in die „überaus moderne" Form einer fascistischen Diktatur zu überführen – denn nur diese kann bei der Schwäche des deutschen Bolschewismus gemeint sein –, wäre damit tatsächlich „der höhere, aus eigener Kraft und Autorität entscheidende Dritte" geschaffen?

Daß diese charismatische Herrschaftsform ohne das Charisma eines Herrn eine direktionslos rasende Gewaltmaschine und deshalb der grauenvollste Unfug wäre, darüber braucht wohl nicht gestritten zu werden.

Nehmen wir aber an, es spränge wunderbarerweise doch noch der *deus ex machina,* und das bislang unsichtbare politische Genie würde uns im letzten Augenblick geschenkt –, was könnte es in unsrer sozialen Gleichgewichtsstruktur effektiv leisten? Könnte es die Neutralisierung der parlamentarischen Regierung beseitigen? Der romantische Ästhet der Politik der weniger auf effektive als effektvolle Leistungen der Regierung Wert legt und so eine Art elegantes Taumeln zwischen Revolution und Konterrevolution, zwischen Diktatur und Anarchie, zwischen Sorel und Mussolini am schönsten findet, wird diese Frage entweder gar nicht aufwerfen oder unbedenklich bejahen. Ich behaupte dagegen und glaube es gezeigt zu haben, daß der fascistische höhere Dritte zunächst einmal in den entscheidenden politischen Fragen, in der Auseinandersetzung zwischen Kapital und Arbeit, in der Agrarfrage usw. mit allem seinen effektvollen Gesten effektiv gar nichts geleistet, sondern in Wahrheit diese Fragen neutralisiert, nämlich als diktatorische Formelkompromisse behandelt hat.

Und wie könnte das anders sein? Nur die romantische Geniereligion des Staates kann glauben, daß der Diktator die zugegebene soziale Gleichgewichtsstruktur mit Bajonetten, heldischen Mythen, ‚religiösem Kunstgewerbe' und großen Gesten wesentlich verändern könnte. Und nur, wem allein wichtig ist, daß dem *profanum vulgus* diktiert wird und dem es recht gleichgültig ist, was diktiert wird, kann leugnen, daß die Diktatur alle wirklich entscheidenden politischen Fragen neutralisieren, d. h. vertagen müßte. Wenn gewisse deutsche Staatstheoretiker ironisch auf die Formelkompromisse der Weimarer Verfassung hinweisen und dabei namentlich das Verhältnis von Kirche zu Staat und Schule bezeichnen,[11] so hätten sie die Verpflichtung, zu sagen, ob der ‚höhere Dritte' im Deutschen Reiche katholisch, protestantisch, freidenkerisch oder wie er sonst diktieren könnte. Genau das gleiche gilt für die andern, im zweiten Hauptteil der Verfassung zweifellos vorhandenen dilatorischen Kompromisse. Glaubt jemand ernstlich, daß die Frage Liberalismus oder Sozialismus durch Dekrete eines diktatorischen Dezisionismus zu lösen wäre, den Karl Renner einmal mit Bezug auf die Sowjetdiktatur sehr gut als Dekretinismus bezeichnet hat?[12]

Das größte Wunder der politischen Geniereligion ist eben die Schöpfung einer politischen Wertgemeinschaft aus dem Nichts. Die parlamentarische Regierungsform trägt der Tatsache Rechnung, daß heute eine einheitliche Gesellschaftsanschauung nicht da ist, läßt aber im Gegensatz zur Diktatur ihrer Entstehung Raum. Sie lügt der Welt nicht das Vorhandensein einer politischen Wert- und Willensgemeinschaft vor, die doch nur der Wille eines Diktators wäre, der die andern zu ihrer äußerlichen Anerkennung zwingt und sie eben damit im tiefsten politisch korrumpiert.

Weder Massenautomatismus noch Geniereligion sind mögliche politische Denkweisen. Die Geniereligion mutet der Regierung zu viel und dem Volke zu wenig, der Massenautomatismus mutet dem Volk zu viel und der Regierung zu wenig zu. Das unsrer deutschen Situation entsprechende Ideal kann allein sein: ein lebendiges politisches Wollen des Volkes, formuliert und geführt durch den energischen Willen magistratischer Repräsentanten, die, solange ihre verfassungsmäßige Berufung dauert, die Möglichkeit und den Willen haben müssen, ihre verantwortliche Meinung gegebenenfalls auch gegen ihre Partei durchzusetzen, wenn es die Einheit des Kabinetts und damit des Staates erfordert.

Zweifellos ist eine starke politische Verselbständigung der Regierung im Rahmen des demokratischen Parlamentarismus eine unbedingte Notwendigkeit. Eine Regierung, die nur aus Funktionären besteht, die funktionieren, wenn unten am Bändchen gezogen wird, kann weder im Parlament noch im Volk auf Autorität Anspruch erheben. Sie selbst ist es, die den Parlamentarismus *ad absurdum* führt und zur Schrittmacherin einer fascistischen Diktatur wird. Solange allerdings nicht die Notwendigkeit eines einheitlichen Kabinetts eingesehen und ein Zustand erträglich gefunden wird, in dem nicht das verantwortliche Ministerium, sondern die unverantwortlichen Parteivorsitzenden eventuell auch gegen die Minister die Regierungsentscheidungen fällen, ist wenig zu machen. Erstaunlich ist es, daß eine so sehr auf Repräsentation aufgebaute Partei wie die sozialdemokratische, die selbst am besten weiß, daß ihre Einheit niemals anders möglich wäre, als durch ein System von selbständigen, repräsentativen Entscheidungen vom Lokalvorstand bis zum zentralen Parteivorstand, die Notwendigkeit der repräsentativen Entscheidungen durch das Kabinett nicht nachdrücklicher betont.

Über verfassungsrechtliche Maßnahmen zur Stärkung der deutschen Regierungsgewalt ließe sich reden, obzwar hier mehr als anderswo der Satz gilt: Männer, nicht Maßnahmen! Meines Erachtens haben die Reichsregierung und der Reichspräsident, der im weiteren Sinne mit zur Regierung gehört, schon jetzt alle verfassungsrechtlichen Befugnisse, die sie für ihre Initiative und Vermittlungstätigkeit innerhalb eines demokratischen Staatswesens brauchen. Falsch ist es, das parlamentarische System, das in andern Großstaaten durchaus befriedigend funktioniert, für die Schwäche der deutschen Regierungen verantwortlich zu machen. Schuld ist nicht das System, sondern die Art seines Funktionierens in Deutschland. Schuld trägt neben unserer außenpolitischen Zwangslage und den schwierigen innerpolitischen Gegensätzen vor allem auch das politisch unerzogene deutsche Denken, das in irgendwelchen massenautomatischen oder diktatorischen Wunderaberglauben befangen ist.

[Zuerst veröffentlicht in: *Die Neue Rundschau*, Heft 10 (1929), S. 721–735. Der Abdruck folgt der leicht überarbeiteten Fassung in: *Probleme der Demokratie* (Schriftenreihe der Deutschen Hochschule für Politik in Berlin und des Instituts für Auswärtige Politik in Hamburg), Berlin 1931, S. 57–68].

Anmerkungen

1 [Johann Gottlieb Fichte, *Über die Bestimmung des Gelehrten* (1794), in: *Fichtes Werke*, herausgegeben von Immanuel Hermann Fichte, Band VI, Berlin 1971, S. 306].

2 [Friedrich Engels, *Die Entwicklung des Sozialismus von der Utopie zur Wissenschaft* (1880), in: *Marx-Engels Werke*, Band 19, Berlin 1962, S. 224, Herv. i. O.].

3 [August Bebel, *Die Frau und der Sozialismus* (1883), 34. Auflage, Stuttgart 1902, S. 408].

4 [Bebel, *Frau*, S. 351].

5 [Bebel, *Frau*, S. 405].

6 [Vgl. Henri de Saint-Simon, *Die Industrie* (1819), in: Frits Kool & Werber Krause (Hrsg.), Die frühen Sozialisten. Frankfurt am Main, Wien und Zürich 1968, S. 177].

7 [Hans Kelsen, *Vom Wesen und Wert der Demokratie.* Zweite, erweiterte Auflage 1929, in: ders., *Verteidigung der Demokratie. Abhandlungen zur Demokratietheorie*, herausgegeben von Matthias Jestaedt und Oliver Lepsius, Tübingen 2006, S. 211].

8 [Antrag Oskar Cohn, in: *Verhandlungen der verfassunggebenden Deutschen Nationalversammlung*, Band 336, 8. April 1919, Antrag Nr. 151, S. 263.].

9 [Benito Mussolini, *Dal malinconico tramonto liberale all'auurora fascista della nouva Italia*, in: ders., *Opera omnia*, Band 18, Florenz 1958, S. 434].

10 [James Bryce, *Modern Democracies. Volume One*, London 1923, S. 47].

11 [Carl Schmitt, *Verfassungslehre*, Berlin 1928, S. 30–32].

12 [Karl Renner, *Die Rechtsinstitute des Privatrechts und ihre soziale Funktion*, Tübingen 1929, S. 149].

8. Ziele und Grenzen einer deutschen Verfassungsreform

Weite Kreise des deutschen Volkes, namentlich auch die gegenwärtigen Machthaber in Deutschland, sind der Meinung, daß die heutige deutsche Staatsorganisation berechtigten Ansprüchen nicht genüge. Sie bringen die schlechte außen- und innenpolitische Verfassung Deutschlands in einen ursächlichen Zusammenhang mit wirklichen oder vermeintlichen Mängeln der Weimarer Verfassung. Der Kurzschluß dieses Denkvorganges liegt auf der Hand. Niemals und erst recht nicht im gegebenen Falle ist die Rechtsordnung allein verantwortlich zu machen für den tatsächlichen politischen Seinszustand. Ohne einen einzigen Artikel der Weimarer Verfassung zu verändern, hätte ein im deutschen Volk und in seiner Führung lebendiger und zielklarer Wille zur Macht in den dreizehn Nachkriegsjahren zweifellos eine unvergleichlich bessere politische und soziale Verfassung Deutschlands zustande bringen können. Hauptsächlich deshalb aber, weil das nicht geschehen ist, können wir uns in der Tat heute der Notwendigkeit nicht entziehen, die verfassungsrechtlichen Normen des Deutschen Reiches einer Revision zu unterwerfen.

Für uns deutsche Sozialisten wird das Ziel einer jeden Verfassungsrevision durch *drei undiskutierbare Richtpunkte* bestimmt: durch *die autoritäre Überordnung des Staates über die Gesellschaft, namentlich über die Wirtschaft,* durch *die demokratische Quelle der politischen Autorität* und durch *die bestimmten Grenzen der Autorität des Staates.*

I

Den autoritären Staat bejahen wir aus sozialistischen, wie aus nationalpolitischen Gründen. Die großen geistigen, sittlichen und ökonomischen Aufgaben, die eine sozialistische Planwirtschaft der Staatsgewalt stellt, vermag der liberalistische Nachtwächterstaat niemals zu leisten. Er hat immer nur die geistige und ökonomische Anarchie der bürgerlich-kapitalistischen Gesellschaft nachträglich sanktioniert und garantiert. Die für jede politische Autorität notwendige tatsächliche Macht kann aber der heutige Staat nur dadurch gewinnen, daß er nicht mehr Kostgänger privatkapitalistischer Mächte ist, sondern sich eine nach innen und außen wirksame Wirtschaftsmacht zueignet.

Die Autorität eines solchen Staates wollen wir freudig anerkennen. Der ‚Staat an sich' aber hat für uns keinerlei Autorität, weil keinerlei Wirklichkeit. So wenig wir im Staat einen bloßen Konsumverein zu sehen vermögen, so wenig können wir ihn als eine über der gesellschaftlichen Wirklichkeit stehende und von ihr unabhängige Wesenheit und Autorität anerkennen. Wie der Mensch, so bleibt auch sein Staat zwischen Gott und das Tier gestellt. *Der Staat ist organisierte Lebensform,* als Organisation Wille und Werk konkreter Menschen in geschichtlich-gesellschaftlich bestimmter Lage, als Lebensform aber schicksalhafte Notwendigkeit.

Eine jede noch so revolutionäre Verfassungsrevision kann sich vernünftigerweise immer nur auf den Staat als *Organisation* erstrecken. Soweit der Staat für uns als ein Kulturvolk auf bestimmter Stufe seiner Entwicklung notwendige *Lebensform* geworden ist, steht er über unseren Räsonnement und muß als Notwendigkeit in unseren Willen aufgenommen werden. Daß keineswegs die Wirtschaft unser Schicksal ist, haben uns höchst eindrucksvoll gerade die Bolschewisten demonstriert. Wohl aber ist unser Schicksal der ein und für allemal gegebene geographische Raum, in den wir trotz aller Möglichkeit der Expansion als politische Geschehenseinheit gestellt sind. Echtes unentrinnbares Schicksal ist dieser mit erfüllter Geschichte beladene Raum, die Geschichte, die wir in diesem und keinem anderen Raum so und nicht anders gewirkt und gelitten haben, die uns so und nicht anders gestaltet hat, die Bodengestalt und der Bodengehalt, der uns diese konkrete Art des Wirtschaftens in diesem Raum erst verstattet und schließlich, aber nicht zuletzt, die mit diesen konkreten Nachbarn besiedelten näheren und entfernteren Grenzräume.

In vollem Bewußtsein, daß unsere politische Lebensform immer mitbestimmt sein wird von diesen unserem Willen unerreichbaren Quellen, denken wir gar nicht daran, einem geopolitischen Quietismus zu verfallen und auf die bewußte Tat, auf die durchaus rationale politische Organisation nach unserem Willen zu verzichten. Raum und Geschichte sind uns nur als Material gegeben, die politische Organisation aber ist unserem Willen aufgegeben.

II

Als Legitimationsgrundlage der autoritären Staatsorganisation lassen wir nur das Volk gelten, das Volk als Träger bestimmter kulturermöglichender Werte und nicht als Haufen beliebiger Interessen und Meinungen. Eine sinnhafte Gliederung dieses Volkes halten wir für unentbehrlich und verwerfen die Vorstellung von der einstufigen Masse. Ein jedes Wahlrecht jedoch, das die Gleichheit der Wahl in Frage stellt, wird uns als unversöhnliche Gegner finden. Die Diktatur und den fascistischen Schwindel einer ‚plebiszitären Demokratie' aber bekämpfen wir, weil diese Herrschaftsformen die völlige Entmündigung des Volkes, die Unmöglichkeit jeder politischen Selbsterziehung bedeuten würden; ‚die Genialität der Führung' als Verfassungsinstitution halten wir für einen Nonsens.

Das Hauptproblem einer deutschen Verfassungsrevision ist *die Ermöglichung eines arbeitsfähigen Parlamentes und einer handlungsfähigen Regierung.* Welche organisatorischen Mittel wir im einzelnen für diesen Zweck geeignet halten, soll später dargelegt werden. Hier wollen wir nur prinzipiell auf den Widerspruch hinweisen, der zwischen der Notwendigkeit klafft, den Staat als territoriale Entscheidungs- und Wirkungseinheit zu organisieren, und der Tatsache, daß die politischen Parteien das Volk in eine Vielheit von fest organisierten Kampfverbänden auf personaler Grundlage ohne alles Querverbindungen organisieren. Daß es letztlich die Klassengegensätze sind, die diesen Mangel an Willens- und Wertgemeinschaft erzeugen, ist ebenso richtig wie die Feststellung, daß wir auch in der unmittelbarsten Gegenwart mit den überlieferten politischen Formen nicht mehr auskommen. In zahllosen Fällen kann es auch heute gegen bessere Einsicht der Parteiführer zu einer parlamentarischen Majoritätsentscheidung deshalb nicht kommen, weil die Parteiorganisationen von der Zentrale über die Provinzial- und Lokalinstanzen hinweg ausschließlich auf Kampf gegen alle anderen Parteien eingestellt sind und jeden Interessenausgleich im Parlament als üblen Kuhhandel mißverstehen müssen.

Unbedingt notwendig erscheint uns eine Stärkung der Autorität der Reichsregierung. Sie darf nicht wie bisher, sei es ein Spielball der Fraktionen, sei es ein Spielball des Reichspräsidenten sein. Um das zu verhindern, sind verfassungsrechtliche Erschwerungen des Mißtrauensvotums nicht genügend. Grundsätzlich darf das parteipolitisch zusammengesetzte Parlament, auf das wir weder verzichten können noch wollen, nicht die einzige Repräsentation des Volkes gegenüber der Regierung sein. Die Reichsregierung darf nur mit einem Fuß im Parteienparlament stehen und bedarf für den zweiten eines anderen Fundaments. *Deshalb muß sie von sich aus gegen das Parlament durch den Volksentscheid an das Volk appellieren können und muß neben dem Parteienparlament sich auch noch auf eine nicht parteipolitisch zusammengesetzte Repräsentation des Volkes stützen können.*

Wie die demokratische Legitimität, so wollen wir unter allen Umständen auch die *rechtsstaatliche Legalität* in einer deutschen Verfassung nicht missen. *Wir wünschen den autoritären Staat, wir bekämpfen aber den totalen Staat.* In Europa können wir in dem Gedanken einer ‚totalen Mobilmachung der Gesellschaft für den Staat' nichts wie einen politischen Ästhetizismus sehen. Die vier Jahrhunderte europäischer Entwicklung seit der Renaissance, die zweitausendjährige Geschichte des universalistischen Monotheismus lassen sich aus unserem Wesen nicht ausstreichen. Die ‚allseitige Integration' des Individuums durch den Staat würde eine *religion civile* nach dem Muster Rousseaus erfordern, zu der wir bereits Ansätze genug sehen, die letztlich aber weder möglich noch wünschenswert noch am allerwenigsten christlich wäre. Die religiöse, geistige und politische Werthaftigkeit des

Individuums ist die unentbehrliche Grundlage europäischer Kulturentwicklung geworden. Sie steht nicht im Gegensatz zum autoritären, wohl aber zum totalen Staat, dessen Autorität weder Rechtsschranken noch Gewaltenteilung noch Grundrechte kennt. Für uns kann es sich nur darum handeln, auch *die Arbeits- und Güterordnung der materiellen Rechtsstaatsorganisation zu unterwerfen, den liberalen in einen sozialistischen Rechtsstaat umzubauen, nicht aber den Rechtsstaat überhaupt zu beseitigen.*

Man mache sich doch einmal klar, daß die staatliche Organisationstechnik uns nur drei Möglichkeiten zur Verfügung stellt. Bleiben die staatlichen Organe in ihrer Machtausübung völlig unkontrolliert, so werden sie, wie die ungeheure Mehrzahl der Menschen einmal gebaut ist, über kurz oder lang ihre Herrschaft mißbrauchen. Eine Kontrolle der Herrschenden aber kann nur von zwei Instanzen geübt werden: entweder von einer mit dem Staat sich identifizierenden Diktaturpartei, wie in Rußland oder Italien, oder von gesetzlich gebundenen Gerichten. Die diktatorische Parteikontrolle muß deshalb notwendig unvollkommener sein als die rechtsstaatliche, weil es bei ihr keine wirksame Möglichkeit gibt, die Herrschenden, die in Partei, Regierung und Bürokratie dem gleichen politischen Lager angehören, öffentlich zur Verantwortung zu ziehen. Wo es keinerlei Freiheit der Presse, der Meinung, der Vereinigung usw. gibt, wo die herrschende Partei dagegen alles Interesse an der Behauptung hat, daß es in ihren Reihen keine Willkür und Korruption gibt, dort bedarf es zur Bekämpfung dieser Schäden einer gewaltigen, normalerweise von den Menschen nicht zu erwartenden moralischen Kraft.

Indem wir Gewaltenteilung und Grundrechte erhalten wissen wollen, sind wir weit davon entfernt, die zuchtlosen Exzesse der Freiheit zu billigen, welche die demoliberale Theorie und Praxis der Nachkriegszeit ermöglicht und sogar verteidigt hat. Daß wir als Sozialisten für die berüchtigte Wirtschaftsfreiheit nichts übrig haben, versteht sich am Rand. Außenhandelsmonopol, Sozialisierung der großen Unternehmungen in Landwirtschaft, Bergbau, Industrie und Bankwesen halten wir für sozialistische Forderungen, welchen eine künftige Regierung in Deutschland schon aus nationalwirtschaftlichen Gründen sich nicht wird entziehen dürfen. Aber auch alle die andern Hemmungslosigkeiten, wie die Schimpffreiheit der Presse, die Schmutzfreiheit des Kinos, die Schundfreiheit des Verlagsgeschäfts und ähnliche Freiheiten wollen wir rechtssatzmäßig unterdrückt sehen.

Wie wir uns die konkrete Ausgestaltung einer deutschen Verfassung denken, soll später dargelegt werden. Wir wollen uns aber bewußt auf die heutigen politischen Notwendigkeiten und Möglichkeiten beschränken und überlassen es anderen, die Hoch- und Fernziele einer ungreifbaren politischen Zukunft auszumalen.

[Zuerst veröffentlicht in: *Neue Blätter für den Sozialismus*, Jahrgang 2, Heft 2 (1931), S. 576–580].

9. Bürger und Bourgeois

Daß es mit dem ‚Bürgertum' zu Ende geht, ist eine der wenigen Ansichten, in der die öffentliche Meinung nicht nur Deutschlands durchaus einig zu sein scheint. Bolschewisten wie Fascisten verkünden in apokalyptischen Visionen, daß das Reich nahe und der Tod aller bourgeoisen Lebensformen besiegelt sei; laut läuten sie die Sterbeglocken des Bürgers.

Und geben nicht alle Zeichen der Zeit diesen Propheten recht? Nicht nur der eigentliche Mittelstand, sondern zahllose alte und neue Großbürger sind durch den Weltkrieg, die Inflation und die Weltwirtschaftskrise ökonomisch proletarisiert worden. Die Zersetzung der geistigen Gehalte und der politischen Formen hat aber große Teile des deutschen Bürgertums außerdem noch anarchisiert. Eine eigenständige Welt politischer Normen und Formen hatte der deutsche Besitzbürger ohnehin kaum zu verlieren. Anders wie in den westlichen Demokratien hat er in Deutschland eigentlich niemals politisch geherrscht; den bürgerlichen Rechtsstaat und die nationale Einheit hat er nicht durch eigene Taten erobert, sondern durch eine Revolution von oben geschenkt bekommen. Infolge eines tragischen Geschichtsverlaufs war er im neunzehnten Jahrhundert eingekeilt worden zwischen die feudale Reaktion und die soziale Revolution; aus Furcht vor dieser warf er sich schließlich jener in die Arme, soweit er es nicht vorzog, sich ausschließlich wirtschaftlich zu betätigen und völlig zu entpolitisieren.

Heute sind nicht nur alle eigentlich bürgerlichen Parteien Deutschlands aufgerieben, sondern der Rechtsstaat selbst, der bislang als die besondere staatliche Lebensform des Bürgertums gegolten hat, befindet sich in der paradoxen Lage, daß er von der übergroßen Mehrheit des Besitzbürgertums verleugnet und machtpolitisch nur noch verteidigt wird von der in der Sozialdemokratie und in der Zentrumspartei organisierten Handarbeiterschaft. Nicht nur der Wille zur politischen, sondern auch der Wille zur geistig-sittlichen Selbstbestimmung des Besitzbürgertums scheint gelähmt zu sein. Daß der russische Bolschewismus mit dem Rechtsstaat jede andre Autonomie preisgegeben hat, ist zu begreifen aus dem Kulturniveau und der nationalen Geschichte Rußlands, das weder eine europäische Renaissance noch ein eigentliches Bürgertum gekannt hat. Daß sich aber die deutsche Demokratie von Bildung und Besitz selbst verleugnet und für ein prinzipiell autonomiefeindliches Ideal begeistert, daß die besitzbürgerliche Jugend alle staatlichen und gesellschaftlichen Sicherungen der geistigen Selbstverantwortung als überwundene bourgeoise Vorurteile verlacht und Führern zujubelt, die jede Vernunft nur noch als Hure des Teufels gelten lassen, alle diese Symptome deuten offenbar darauf hin, daß das Besitzbürgertum in der Tat seine kulturbestimmende Rolle ausgespielt hat.

Es soll an dieser Stelle nicht der Frage nachgegangen werden, ob dem wirklich so ist. Nur um die viel bescheidenere Frage zu klären, was denn zugrunde geht, wenn es mit dem ‚Bürgertum' zu Ende ist, sollen hier einige begriffliche Unterscheidungen vorgenommen werden, welche die öffentliche Diskussion allgemein zu vernachlässigen pflegt. Nicht erst seit heute werden gerade von gewissen bürgerlichen Literaten die Begriffe Bürger, Besitzbürger und Bourgeois in leichtfertiger und gefährlicher Weise vertauscht. Aus romantisch-chiliastischen Stimmungen heraus, deren Nebelhaftigkeit nicht einmal den Willen zur notwendigen Klarheit aufkommen läßt, verschafft man sich gegenwärtig durch diese Begriffsverwirrung allzu billig den Effekt einer heroischen Geste, die mit großartiger Bedenkenlosigkeit alle bürgerlichen Lebensformen in den Orkus schleudert. In den meisten Fällen findet man aber hinter den melodramatischen Phrasen von der Götterdämmerung des Bürgertums nur einen kleinen Bourgeois, der weder die Folgen seiner Phraseologie zu übersehen vermag, geschweige denn bereit ist, diese Folgen am eigenen Leib zu erfahren. Nicht zuletzt der Entlarvung dieser antibourgeoisen Mimikry des Bourgeois soll der vorliegende Versuch dienen, den Begriff des Bürgers von dem des Bourgeois abzuheben.

Die alltägliche Verwechslung dieser beiden Begriffe wäre kaum möglich, wenn sie sich nicht in der Tat zu einem Teile deckten. Der Bürger wird in erster Linie durch sein formales, der Bourgeois aber durch sein inhaltliches Verhältnis zu Staat und Gesellschaft gekennzeichnet. Bürger nennen wir den Menschen, der die gesellschaftlichen und politischen Autoritäten respektiert und sich der Sitte und dem Recht seines Landes jederzeit unterordnet. Über die Motive dieser Legalität sagt der Begriff des Bürgers gar nichts aus. Kann doch die bürgerliche Einordnung ebensowohl begründet sein im engstirnigen Eigennutz wie in selbstloser Größe, in religiöser Überzeugung wie in denkfauler Gewohnheit, im primitiven Selbstbetrug wie in der klaren Überzeugung davon, daß diese Bürgertugenden die Voraussetzung jeder höheren menschlichen Kultur sind. Der Begriff des Bürgers reicht also von Sokrates, der selbst dem falsch angewandten Gesetz noch so viel Achtung bezeugt, daß er sich weigert, der ungerechten Todesstrafe zu entfliehen, bis zum Typ des amerikanischen Babbitt.

Insofern ist also der Begriff des Bürgers wertfrei und überschneidet den Begriff des Bourgeois, der schon seit der Französischen Revolution ein negatives Werturteil enthält. Bourgeois ist der durch seine gesellschaftlich-politische Sekurität in jeder Hinsicht saturierte Bürger; von keinem Zweifel gestört, weil von allen zeitlichen und ewigen Fragen gelöst, ist er über sein persönliches und gesellschaftliches Dasein völlig beruhigt. Nichts weist ihn über seinen gesellschaftlichen Wirkungswert hinaus; er ist der nur sich selbst wollende Mensch. Der Zugang zu den Gründen und Abgründen des Gesellschaftlich-Politischen wie des Geistigen, des Religiösen wie des Erotischen ist ihm verschlossen. Die Enge seines gefühlsmäßigen und intellektuellen Horizontes, sein Mangel an Phantasie, seine Angst vor dem Abenteuer sowie vor allem die Kraftlosigkeit aller seiner Leidenschaften gestatten ihm kein andres Ideal wie die gesellschaftliche Sicherung seiner eigenen mesquinen Existenz. Nicht, daß er die gesellschaftlichen und staatlichen Normen achtet, sondern daß er sie verabsolutiert und in ihnen seine allerletzten seelisch-geistigen Fundamente besitzt, ist für den Bourgeois charakteristisch. Bürgerliche Sitte und Bürgerliches Gesetzbuch haben für ihn weder Hintergründe noch Fragwürdigkeiten; sie zeigen ihm nur, wie herrlich weit er es gebracht. Sein untragischer Optimismus sieht in ihnen letzte Harmonisierungen aller ihm vorstellbaren Konflikte. Im neunzehnten Jahrhundert heißen die Glaubensartikel des Bourgeois Wirtschaft, Wissenschaft und Technik.

Um der politischen Begriffsverwirrung der Gegenwart zu entgehen, ist es notwendig, die bloß bürgerliche Sekurität klar abzugrenzen von der bourgeoisen Sekurität. Beide durcheinander zu jonglieren, gehört zu den beliebtesten Taschenspielerstücken unsrer politischen Romantiker. Das Streben des Bürgers nach einer möglichst berechenbaren Sicherheit der gesellschaftlichen, namentlich der ökonomischen und politischen Beziehungen ist so sehr berechtigt, daß es geradezu als die unerläßliche Bedingung jeder zukünftigen europäischen Kultur bezeichnet werden muß. In primitiv agrarischen Lebensformen hingen Sekurität und Gefahr im wesentlichen ab von Naturkräften, die von menschlicher Berechnung und Beherrschung im weitesten Umfange unabhängig waren. Andrerseits stellt aber das immobile Kapital immer eine weit sicherere Lebensgrundlage dar als das mobile. Jede höhere Gesellschafts- und Wirtschaftsform basiert auf der wissenschaftlichen Berechnung und technischen Beherrschung der Natur sowie auf der organisatorischen Vervollkommnung der gesellschaftlichen Beziehungen. Es ist deshalb ebenso verkehrt wie gefährlich, wenn unsre konterrevolutionären Romantiker Wissenschaft und Technik kurzerhand als bourgeoise Ideologien abtun. Wissenschaft und Technik haben uns eine stolzere Haltung ermöglicht, indem sie uns von der Dämonenfurcht befreiten; sie waren und sind für zahllose Menschen eine Befreiung von einem dumpfen, tierähnlichen Dasein. Sie aufgeben, heißt uns rebarbarisieren. Eine Eigenschaft des Bourgeois ist es allerdings, in Wirtschaft, Wissenschaft und Technik letzte Vernünftigkeiten und Sicherheiten zu sehen, die uns alle drei nicht zu bieten haben. Für die bürgerliche Sekurität der Gegenwart und für einen wie immer gearteten europäischen Zukunftsstaat sind aber das rationale Recht, die rationale Wirtschaft und Technik unentbehrliche Mittel der Kultur.

Daß der Bürger von Wirtschaft, Staat und Kirche die Sicherung seines zeitlichen und ewigen Heils erwartet, macht ihn noch keineswegs zum Bourgeois. Erst dort, wo die Sekurität aus einer Voraussetzung des Lebens zum Selbstzweck geworden ist, verdient sie bourgeoise genannt zu werden. So wird die Kirche zu einer geradezu widergöttlichen, den Bourgeois vom Ewigen absperrenden Institution, sobald er den Glauben hegt, die in bestimmten Zeitabschnitten an die Kirche entrichteten Versicherungsprämien befreiten ihn von dem Schrekken der Unendlichkeit und von der Unruhe zu Gott. Dem Bourgeois der Kirche erregen die ewigen Fragen nicht mehr Furcht und Zittern, sondern sind für ihn technische Organisationsprobleme geworden, deren Lösung er den Verwaltungsbeamten der Religion überläßt. Bourgeoiser Machiavellismus ist es auch, wenn der Fascismus die Kirche als Versicherungsgesellschaft für die bürgerliche Klassenherrschaft benützt. Man möchte sich dabei die heroische Rolle des Dostojewskischen Großinquisitors zusprechen, der dem Volke gegen Christus die Kirche erhalten will, weil er das Volk liebt und seine Schwäche kennt. Es ist von großer Wichtigkeit, diese Mimikry zu durchschauen. Gewiß macht der Großinquisitor dem Heiland zum Vorwurf: „Statt dem Menschen ein für allemal feste Satzungen zu geben zu seiner Gewissensberuhigung, suchst du alles, was ungewöhnlich, rätselhaft und schwankend ist, wählst du alles, was über die Kräfte der Menschen geht, und handelst ganz wie einer, der die Menschen nicht liebt, du, der du gekommen warst, dein Leben für die Menschen zu lassen! Statt also dich der Freiheit der Menschen zu bemächtigen, hast du deren Grenzen nur erweitert und hast die Seele des Menschen für alle Zeiten mit neuem Leid überladen." Man beachte aber, daß der Großinquisitor sich nicht deshalb der Freiheit anderer bemächtigt, um seine eigene bourgeoise Sekurität sicherzustellen, sowie daß Dostojewski den Kampf zwischen Christus und dem Großinquisitor als einen ewigen und unentscheidbaren Konflikt behandelt. Dagegen hat der Bourgeois von heute den beunruhigenden Konflikt eindeutig gelöst. Religion und Kirche sind ihm nur noch ein technisches Machtinstrument der herrschenden Klasse; eben deshalb sind sie widergöttlich geworden.

Eine geradezu naturwissenschaftliche Gewissensberuhigung und damit ein vermeintliches Höchstmaß an Sekurität verheißt dem Bourgeois die Rassenlehre des deutschen Fascismus. Sie reißt die religiöse Unruhe des Christentums mit der Wurzel aus, indem sie das menschliche Sündengefühl nicht mehr als eine Stimme aus der höheren Welt anerkennt, sondern als die naturwissenschaftliche Folgeerscheinung der körperlichen Vermischung verschiedener Rassen entlarvt. Die christliche Vorstellung von der Erbsünde ist also lediglich auf das Bewußtsein der Juden von ihrer eigenen rassischen Gemischtheit zurückzuführen, und Ausführungen wie die des ‚Evangelischen Bundes', wonach Gott nur erlebt werde in der Tatsache, daß das Sündenbewußtsein in einem Menschen aufwacht und nicht mehr zur Ruhe kommt, nennt der Rasseprofessor Günther „echt jüdisch".[1] Man wird nicht annehmen dürfen, daß er damit dem Größenwahn der Juden schmeicheln, sondern bloß dem Bourgeois ein soziales Überlegenheitsgefühl und eine biologische Sekurität gegenüber den gefährlichen letzten Fragen der Menschheit verschaffen wollte. Indem das Gewissen zum Gestütsproblem geworden ist, haben alle Gewissenskonflikte das Moment der tragischen Unentrinnbarkeit verloren, und alle religiöse Disharmonie wird gebannt durch den Imperativ: Lasset euch ‚aufnorden', auf daß ihr reinen Herzens werdet!

Durch solche feige Flucht vor einem Problem, das Grauen erweckt, in eine untragisch-verlogene Harmonisierung dieser Welt, wird die Psychologie des Bourgeois am klarsten gekennzeichnet. Für den Bourgeois haben die ewigen Fragen keinen Stachel; denn er kennt kein Schicksal und keine unlösbaren Probleme, sondern lediglich solche Organisations- und neuerdings Züchtungsfragen, die schon, und solche, die noch nicht durch die Technik gelöst sind. Keine Unsicherheit kann ihm die letzte Ruhe rauben. Seine restlose Saturierung wird zuletzt nur noch dadurch verhindert, daß es Krankheit und Tod gibt.

Der Bourgeois ist der entpolitisierte Bürger. Eine eigentlich politische Vorstellungswelt weist immer hinaus über die bloß private und Klassenexistenz auf ein politisches Ganzes. Das bourgeoise Nachtwächterideal vom Staate bedeutet aber nichts anderes als die Abwesenheit aller Störungen eines lediglich privaten Daseins. Da nur der Besitzbürger und Festbesoldete Bourgeois sein kann, ist es in erster Linie die Sicherung dieser privaten ökonomischen Basis, die der Bourgeois vom Staate verlangt. Solange allerdings der Besitzbürger innerhalb der Demokratie von Bildung und Besitz eine verantwortliche politische Funktion mindestens erstrebte, wenn nicht ausübte, solange er den Willen und den Mut hatte, die Kultur und den Staat der bürgerlichen Gesellschaft führend zu repräsentieren, solange und soweit blieb er vor der bourgeoisen Enge geschützt. Erst wenn er auf jede politische Repräsentation verzichtet, allen damit verbundenen Gefahren sich zu entziehen bemüht und ausschließlich darauf bedacht ist, seinen privaten Besitzstand und seine ökonomische Klassenlage zu sichern, verfällt er der bourgeoisen Degeneration.

In Deutschland war das Besitzbürgertum seit 1848 so gut wie völlig bourgeoisiert. Die politische Führung hatte es dem Kaiser und seinen Beamten überlassen und forderte für sich nur die Sekurität seiner privatwirtschaftlichen Tätigkeit und seiner mehr oder weniger geistigen Mußestunden. Bis zum Weltkrieg schien ihm diese Sekurität gewährleistet durch die politische Form des bürgerlichen Rechtsstaates, von dem Anatole France einmal gesagt hat, er verbiete in majestätischer Gleichheit dem Reichen und dem Armen, Brot zu stehlen und an den Straßenecken zu betteln. Die Umwälzung von 1918 bedeutete aber eine so weitgehende Demokratisierung der rechtsstaatlichen Gesetzgebungsgewalt, daß die wirtschaftliche Sekurität des Besitzbürgers durch sie bedroht wurde. Er erwartet nunmehr die Sicherung seines privaten Besitzstandes von der fascistischen Diktatur, die ihm um so vertrauter ist, als sie sich als Gegnerin erweist aller jener Gefahren, die mit der Autonomie im Geistigen, Sittlichen und Politischen immer verbunden sind. Nur zu gern läßt sich der besitzbürgerliche Bourgeois wieder entpolitisieren; nur zu gern verzichtet er auf jede Art von Selbstbestimmung zugunsten des ‚starken Mannes‘, dessen Stärke oft genug in gar nichts anderem besteht als in der hilflosen Schwäche seiner Mitläufer. Zur Mimikry dieses, die bourgeoise Sekurität des *status quo* garantierenden Diktaturideals gehört seit Napoleon III. die heroisierende Draperie; der damalige französische Bourgeois schätzte sie, ebenso wie heute der Bourgeois Mussolinis oder Hitlers, in erster Linie als stramme Polizeittruppe, die den Handarbeiter einschüchtert und womöglich entpolitisiert und dem Arbeitslosen Angst macht.

Die heroisierende Maske hat aber für die ideologische Rechtfertigung der ökonomischen Klassenherrschaft noch eine besondere Bedeutung: sie soll das notwendige Streben des proletarischen Bürgers nach ökonomischer Sicherheit als minderwertig, weil unheroisch, und bourgeoise erscheinen lassen. Es gehört zu den alltäglichsten und doch immer wieder erstaunlichsten Erfahrungen der Gegenwart, daß der durch Besitz oder Renten gesicherte oder pensionsberechtigte Bourgeois dem Proletarier Mangel an heroischem Idealismus und bourgeoises Sekuritätsstreben vorwirft, weil er auf seine sozialistischen oder sozialen Versicherungen oder auf seine Tarifverträge nicht verzichten will. Der heldische Bourgeois hält selbst das Palais Rothschild für eine weit legitimere Erscheinung als die ‚Paläste' der Krankenkassen.

Die weitaus stärkste Sicherung der gegenwärtigen Klassenherrschaft verheißt aber dem deutschen und amerikanischen Bourgeois wiederum seine Rassenlehre. Mit einer vermeintlich naturwissenschaftlichen Unwiderleglichkeit versichert sie ihm, daß die herrschende Klasse die höherwertige, von Natur aus zum Herrschen berufene Rasse ist. Mit einem Schlage sind alle die Schwierigkeiten der Führerauslese, alle die Unsicherheiten und Gefahren beseitigt, welche eine Herrschaft kraft Bewährung mit sich bringt. Die Adelsbücher, in die man nicht mehr auf Grund bestreitbarer Verdienste eingetragen wird, können nun mit einem Grad von wissenschaftlicher Sekurität angelegt werden, den die Weltgeschichte noch nie gekannt hat. Kommt es doch nicht mehr auf den immer problematischen Schädelinhalt, sondern nur noch auf den exakt meßbaren Schädelindex an.

Die heroisierenden Verhüllungsideologien, die sich größtenteils zu Unrecht auf Nietzsche und Bergson, auf Sorel und Pareto berufen, haben nicht wenig zur Verwechslung der Begriffe Bürger und Bourgeois beigetragen. Um die entstandene Verwirrung zu klären, erscheint es notwendig, die dem Bürger und dem Bourgeois entsprechenden Gegenbegriffe zu umreißen.

Den Bürger nannten wir den sich gesellschaftlich-politisch einordnenden Menschen. Unsre Achtung vor der bürgerlichen Lebensform haben wir je nach den Motiven dieser Einordnung zu bemessen. Wir dürfen sie dem Bürger nicht verweigern, der Sitte und Recht in ihrer sozialen und historischen Relativität durchschaut und sich ihnen trotzdem unterordnet, weil er das Allzumenschliche alles menschlichen Zusammenlebens kennt.

Sein Widerspiel hat der Bürger überall dort, wo der große Einzelne sich den Konventionen nicht beugt, sondern bewußt oder unbewußt die Gesellschaft in die Schranken fordert. Das große Individuum ist aber nicht, wie so mancher Literat meint, vom Bürger dadurch unterschieden, daß es überhaupt kein Gesetz über sich anerkennt. Ihn unterscheidet vielmehr die Stärke seines schöpferischen Willens, den er nicht nur andern, sondern vor allem sich selbst als Gesetz aufzwingt. Der große Einzelne hat sicherlich ein andres Gewissen als die Menge; aber er hat ein Gewissen und noch dazu eines, das auf die fremde und eigene Verletzung der selbstgesetzten Gesetze weit empfindlicher reagiert als das des durchschnittlichen Bürgers. Auch der Heilige kann sich der menschlichen Gesellschaft nicht einordnen und entzieht sich der stupiden Gerichtsbarkeit der Masse. Wenn aber Origines sagt: *„Nec ulla nobis magis res aliena quam publica“*[2], so ist er himmelweit von der Libertinage des liberalen Literaten entfernt; diesem ist die Staatsordnung unsympathisch, weil sie überhaupt Ordnung ist und seine Willkür beschneidet; jener verwirft die Staats- und Gesellschaftsordnung, um sich der unendlich strengeren Gesetzgebung seiner Religion zu unterwerfen.

Ebenso bricht auch der schöpferische Revolutionär im Reiche des Geistes und der Kunst die alten Gesetze nur, weil er Raum braucht für die neuen, von ihm am strengsten geachteten Normen. „Recht sich nehmen zu neuen Werten – das ist das furchtbarste Nehmen für einen tragsamen und ehrfürchtigen Geist."[3] Für den Libertin ist das Brechen der Norm Zweck, für den schöpferischen Menschen immer nur Mittel. Das gilt für den produktiven Revolutionär des Geistes wie für den der Politik. Sein Verantwortungsgefühl ist nicht nur nicht schwächer, sondern bedeutend stärker als das des Bürgers.

Ein literarisches Widerspiel des Bürgers hat die französische Romantik in den großen Verbrechergestalten geschaffen, deren eindrucksvollste Figur Balzacs Georges Vautrin ist. Ihre geschichtlichen Vorläufer haben sie in den amoralischen Machtmenschen der Renaissance. Die Bewunderung, die wir diesen Figuren entgegenbringen, entspringt dem romantischen Haß gegen die Begrenztheit und Mittelmäßigkeit der bürgerlichen Lebensformen, der ästhetischen Freude an der dämonischen Kraftentfaltung, an der Schrankenlosigkeit und Abenteuerlichkeit. „Ursprüngliche Lebensformen", schreibt Balzac 1844, „gibt es nur noch bei Dieben, Dirnen und Zuchthäuslern; es gibt keine Energie mehr außer in den Wesen, die von der Gesellschaft getrennt sind". Man darf allerdings nicht vergessen, daß jene Verbrechergestalten, die großenteils bis heute die Romantik einer entgötterten und bis vor kurzem pazifizierten bürgerlichen Gesellschaft bestreiten, Gestaltungen der dichterischen Phantasie sind, welche mit der wirklichen Verbrecherwelt so gut wie nichts zu tun haben. Döblins Realismus findet in Franz Biberkopf und den sonstigen Alexanderplatzfiguren keinerlei heroische Züge, dafür aber um so mehr Sehnsucht nach einem bourgeoisen Dasein. Den großen Verbrecher, der immer frei von niedriger Gewinnsucht geschildert ist, benötigt der Dichter als die anschauliche Negation des bürgerlichen Sekuritätsideals; in seinem spannenden Duell mit der Übermacht der bürgerlichen Gesellschaft bewahrt sich der große Verbrecher trotz des sicheren Untergangs seine Tapferkeit, seine Seelengröße und Freiheit der Haltung, verkörpert also alle Eigenschaften des tragischen Helden. Georges Vautrin besitzt außer dieser Geniemoral des großen Revolutionärs auch noch etwas von dessen Schöpferkraft, mit der er durchaus selbstlos das Schicksal Lucien de Rubemprés formt.

Der große Verbrecher, der schöpferische Revolutionär, der Heilige, sie alle sind Überwindungen des Bürgers, denn sie verachten in der Tat jede bürgerliche Sekurität. Die dem Begriff des Bourgeois zugeordneten Gegenbegriffe sehen ganz anders aus. Ihm entspricht nicht das ästhetische Idealbild des großen Gesetzesverächters, dieses dämonischen Engels der Kraft, sondern der gewöhnliche Verbrecher aus Unkraft. Diebe, Dirnen und Zuchthäusler sind in der Wirklichkeit weit davon entfernt, für ihre eigene Person freiwillig auf die bürgerliche Sekurität zu verzichten. Abgesehen davon, daß sie zum Zwecke einer müheloseren Unterhaltsgewinnung Sitte und Recht zu übertreten gezwungen sind, legen sie den größten Wert darauf, daß sie sowohl selbst wie ihre Mitmenschen das bürgerliche Gesetz achten. Die Dirne hat vor der bürgerlichen Ehe den allergrößten Respekt, und der Mörder oder Dieb denkt gar nicht daran, die Spielregeln der bürgerlichen Gesellschaft oder auch nur den Mord- oder Diebstahlsparagraphen grundsätzlich zu verneinen. Er nimmt ihn vielmehr im selben Augenblick für sich in Anspruch, sobald er selbst bedroht wird. In aller Regel ist der wirkliche Verbrecher, auch wenn er einige Dutzend Raubmorde aufweist, keineswegs der dämonische Willensmensch, der der Gesellschaft die Faust unter die Nase hält, sondern ein psychophysisch Degenerierter, ein verirrter Bourgeois, dem nur seine Willensschwäche die bürgerliche Wohlanständigkeit, nach der er sich sehnt, unmöglich macht.

So wenig jeder Taschendieb das Zeug zum großen Gesetzesverächter hat, so wenig taugt der Bürger, gar wenn er Bourgeois ist, zum schöpferischen Revolutionär. Im Bereich des Politischen steht heute allerdings, da sich auch die Konterrevolution revolutionär gebärdet, das Revolutionspathos ebenso rechts wie links im hohen Kurs. Von Revolution kann aber nur dort gesprochen werden, wo ein neues Lebensprinzip durchbricht mit eigenem Ethos und eigenständiger politischer Form. Gewalt ist nur das technische Mittel der Revolution, das sie regelmäßig zum Durchbruch gebraucht, das aber auch fehlen kann und jedenfalls kein Wesensmerkmal für sie ist. Nun sind aber die Träger der fascistischen Konterrevolution gezwungen, ihr eigenständiges

Bürgerethos, die Ideen des Vernunftnaturrechts, als ‚bourgeoisen' Rationalismus, Atomismus und Individualismus zu verleugnen. Als Surrogat verfügen sie nur über eine antibürgerliche, ästhetisierende Gewaltethik, die das rationale Mittel der Revolution zu ihrem irrationalen Zweck macht. Ihre Pseudorevolution wird deshalb nach der treffenden Charakteristik eines fascistenfreundlichen Schriftstellers „Aktivität um der Aktivität willen, eine Art *l'art pour l'art* auf politischem Gebiet".[4]

Die Sekurität des klassischen Bürgers kam ihm aus dem Glauben an eine höhere sittliche Bestimmung des Menschengeschlechts. Durch diesen Glauben wurde er über seine noch so dürftige Existenz hinausgehoben und auf die Idee hingelenkt, die seinen Konventionen einen sinnvollen kulturermöglichenden Inhalt gaben. Der romantische Bourgeois hat diesen Glauben nicht nur an das marxistische Proletariat abgetreten, sondern schmäht ihn heute außerdem noch als bourgeoise Ideologie. Er will nicht mehr ein neues Lebensprinzip und Ethos, sondern nur sich selbst in der ewig gleichen „Zirkulation der Eliten"[5] durchsetzen. Folgerichtig müßte nun jeder Kleinbürger sein eigener Cesare Borgia werden. Dieses antibürgerliche, durchaus nicht antibourgeoise Erziehungsideal des Fascismus hat Mussolini am 6. Februar 1928 vor jungen Fascisten mit den Worten gekennzeichnet: „Den Dolch zwischen den Zähnen, die Bomben in den Händen und eine souveräne Verachtung der Gefahr im Herzen."[6] Auf die nahen Beziehungen, welche diese auf Gentiles aktualistische Philosophie sich berufende Gewaltmoral zur romantischen Verbrecherethik unterhält, hat niemand andrer als der *Lavoro d'Italia*, die Zeitung der fascistischen Gewerkschaften, am 3. November 1927 hingewiesen: „Wenn Vautrin", heißt es da ironisch, „in der wundervollen Rede, die er auf dem höchsten Punkt von Paris seinem neuen Schüler Eugène de Rastignac hält, auf dem Laufenden der Philosophie des zwanzigsten Jahrhunderts gewesen wäre, hätte er sicherlich der Lehre vom ‚Akte' beigepflichtet".[7]

Solche amoralische Heldenmoral greift nicht, wie der Fascist meint, nur die bourgeoise Lebensform an, sondern zersetzt die Grundlagen der bürgerlichen Gesittung. Es ist eine irrsinnige

Idee, ein ganzes Volk von Condottieri oder auch nur eine solche Elite erziehen zu wollen. Was hier betrieben wird, ist im Grunde nichts anderes wie jene verantwortungslose Libertinage ästhetisierender Literaten, die sich bis vor kurzem als liberal oder auch sozialistisch bezeichneten, in Wahrheit aber unter allen Etikettierungen nur anarchisch waren. Man vergesse nicht, daß der von allen in- und ausländischen Fascisten sklavisch nachgeahmte Promotor des Fascismus mitsamt seinem engsten Mitarbeiterstab vom anarchosyndikalistischen Literatentum herkommt. Der Journalist Mussolini hatte schon in seiner Jugend eine *Philosophie der Gewalt* veröffentlicht, in der er frei nach Nietzsche die christliche Sklavenmoral verfluchte. Für einen anarcho-syndikalistischen Zeitungsschreiber war eben diese Art von Bekämpfung des ‚Bourgeois' identisch mit wahrem Sozialismus. Noch am 16. Mai 1925 bemerkte Mussolini in einer Kammerrede voll Stolz, er habe schon als Sozialist sich immer für die Notwendigkeit eines Aufstandes eingesetzt, der den Arbeitermassen das Gefühl des Tragischen erschlösse.[8] Wer denkt dabei nicht an unsre liberal-kommunistisch oder fascistisch-bolschewistisch schillernden Literaten, die alle für solche *l'art pour l'art*-Tragödien der Gewalt schwärmen, wobei es keineswegs entscheidend ist, ob Stalin, Hitler oder auch nur Piscator die Regie führt. In Italien ist diese Kontinuität vom Anarcho-Liberalismus zum National-Fascismus sehr viel deutlicher als in Deutschland. Den Literaten des deutschen Fascismus fehlt eben neben vielem andern ein d'Annunzio und Marinetti. Gemeinsam ist allen Schattierungen dieses Literatentums, daß sie vorgeben, den Bourgeois zu bekämpfen, in Wahrheit aber dem Bürger den Garaus machen.

Schon seit der Romantik glaubt sich der Literat dem Bürger, den er infolge eines Freudschen Versprechens ständig mit dem Bourgeois verwechselt, deshalb überlegen, weil er für seine Person die bürgerlichen Normen mißachtet. Nun steht aber der journalistische Literat, von dem hier die Rede ist, zum Künstler und zum großen Revolutionär des Geistes in demselben Verhältnis, in dem der kleine Gauner zum Georges Vautrin steht. Das große Individuum zerbricht die alten Werttafeln, um für neue Platz zu schaffen. Immer ist es Rechtsbrechen aus dämonischem Zwang. Der verantwortungslose Literat dagegen ist Anarchist und auch das nur aus Schlamperei und Eitelkeit.

Zu den kindischen Einfällen dieser Art von Literatenpsychologie gehört es, daß der Künstler unter allen Umständen ein bürgerlicher Taugenichts sein muß. Den Geheimrat von Goethe halten sie deshalb für einen Bourgeois, weil er mit Eifer die Forderung des Tages erfüllte, neuerdings deshalb, weil er nicht genügend heldisch-national dachte. Ewig unbegreiflich müßte ihnen der preußische Regierungsrat von Eichendorff bleiben, der das *Leben eines Taugenichts* geschrieben und die Verse gedichtet hat:

„Und ich mag mich nicht bewahren!
Weit von euch treibt mich der Wind,
Auf dem Strome will ich fahren,
Von dem Glanze selig blind! ...
Fahre zu! ich mag nicht fragen,
Wo die Fahrt zu Ende geht."

Für den Literaten der Vorkriegszeit war eben das untrüglichste Zeichen des unbourgeoisen Genies die Unordnung in seinen bürgerlichen Verhältnissen, der ausgefranste Samtrock etwa und die Schulden. In der Nachkriegszeit erweist man seine genialische Überlegenheit über den Bürger dadurch, daß man Bilder oder Verse stiehlt. Die Möglichkeit, daß man die bürgerliche Lebensform allein schon deshalb wahrt, weil man über genügend andre gesellschaftliche Reibungsflächen verfügt und trotzdem die Sensationen einer unbürgerlichen Grenzenlosigkeit dort erlebt, wo solche Abenteuer einzig und allein zu haben sind, nämlich im Geistigen, hält dieser Literat eben für ausgeschlossen.

Von solchen Literaten wimmeln die Redaktionen unsrer Zeitungen und Zeitschriften. Zur bürgerlichen Einordnung fehlt diesen Halbnaturen sowohl das Pflichtgefühl wie die Bescheidenheit und die Einsicht in die Notwendigkeiten eines jeden gesellschaftlichen Zusammenhangs, zur geistigen Größe aber sowohl Kraft, Fleiß wie Verantwortung des Genies. Von ihnen sagt Karl Kraus: „Ein Talent, weil kein Charakter." Sie sind es, die seit Jahrzehnten den Bürger, meist auf dem Umweg über seine literarisch verbildete Frau, nicht ohne Erfolg davon zu überzeugen versucht haben, daß eigentlich jeder Bürger ein minderwertiger Bourgeois sei.

So hat der liberale Literat die Anarchisierung des Bürgertums im Namen der Freiheit vorbereitet; der fascistische Literat führt sie in gerader Linie weiter und vollendet sie im Namen einer heroisierenden Gewaltethik. Der liberale Literat wittert in jeder bürgerlichen Einordnung und Unterordnung ein fluchwürdiges bourgeoises Sekuritätsbedürfnis; jede geistige, sittliche oder politische Haltlosigkeit und Verschlampung verteidigt er als heiliges Menschenrecht. Für ihn gilt Nietzsches Wort: „Es giebt manchen, der seinen letzten Werth wegwarf, als er seine Dienstbarkeit wegwarf!"[9] Der fascistische Literat steigert diese Humanitäts-Libertinage zu einem heldischen Faustrecht des Stärkeren, der sich hoch erhaben dünkt über den bourgeoisen Herdenmenschen und über die nur diesen bindenden bürgerlichen Normen. An der Diskreditierung der bürgerlichen Staats- und Gesellschaftsordnung sind der liberale und der fascistische Literat zu gleichen Teilen beteiligt.

Schließlich bedarf es noch der Gegenüberstellung der politischen Begriffe des Bourgeois und des Proletariers. Es gibt ein romantisierendes Literatentum des Kommunismus und Anarchosyndikalismus, das den Proletarier zu einem Helden machen will, der, jede bürgerliche Sekurität souverän verachtend, sein Leben lang nichts andres als schöpferische Revolution in Permanenz betreibt. Der Proletarier, der dieser Beschäftigung dauernd nachzugehen sich weigert, setzt sich von Seiten der kommunistischen wie der fascistischen Agitation dem schweren Vorwurf der Verbürgerlichung aus. Auch in diesem Falle liegt eine falsche Bezeichnung der Fronten vor. Es muß jenen Romantikern einmal mit aller Deutlichkeit gesagt werden, daß der sozialistische Proletarier die bürgerliche Sekurität nicht nur nicht verachtet, sondern für sich selbst erstrebt und erstreben muß. Was will denn der Sozialismus, wenn er gegen die Anarchie der Produktion und für eine planmäßige Gemeinwirtschaft kämpft, anderes als eine Sicherung der Arbeitnehmer vor der Willkür und den Zufällen einer privatkapitalistischen Profitwirtschaft? Wenn man unter einem Bürger den sich der gesellschaftlichen Konvention einordnenden Menschen versteht, so kann es doch keinem Zweifel unterliegen, daß die sozialistischen Konventionen ein viel größeres Maß dieser Bürgertugend verlangen müssen als die besitzbürgerliche Gesellschaftsordnung. Ist man allerdings mit dem desillusionierten Gewaltästheten Sorel der Meinung, daß es nur auf die gewalttätige Aktion ankommt, ist man sogar davon überzeugt, daß von der sozialistischen Bewegung nichts bleiben wird als das „Heldengedicht der Streiks",[10] dann lehnt man die Verantwortung für die ‚bourgeoisen' Ziele des Sozialismus ab und fühlt sich nur noch zur tragischen Heroisierung der Arbeiterschaft verpflichtet; dann ist aber auch der Unterschied zwischen dem Sorelisten und dem Fascisten Mussolini kaum noch zu merken.

Es soll durchaus nicht verkannt werden, daß die Kritik Sorels mit einem gewissen Recht von der Sorge getragen war, der kämpfende Sozialismus könnte vorzeitig in einer bourgeoisen Behaglichkeit versumpfen. Und vielleicht hat der Fascismus in der Tat die historische Aufgabe, die Arbeiterbewegung von der Ansteckung durch die bourgeoise Sekurität dadurch zu heilen, daß er ihr seine gewalttätigen Klassenkampfmethoden aufzwingt. Mir scheint aber die Gefahr einer Bourgeoisierung der Arbeiterschaft sehr viel geringer zu sein als die Gefahr, daß eine durch Gewaltliteraten in blutige Kämpfe gehetzte Arbeiterklasse zunächst nur den Fascismus auslöst und in weiteren Gewaltaktionen schließlich sich selbst unter den Trümmern der europäischen Kultur begräbt. Im übrigen wird die furchtbare Wirtschaftslage des Nachkriegsproletariers vollauf ausreichen, um seinen Kampfwillen wachzuhalten und ihm alle bourgeoise Saturierung auszutreiben.

Auch die Gefahr, die sozialistische Arbeiterbewegung könnte durch die Übernahme bürgerlicher Kulturformen bourgeoisiert werden, ist kaum vorhanden. Dafür, daß die industrielle Arbeitnehmerschaft inhaltlich andre als die besitzbürgerlichen

Lebensformen ausbilden wird, dafür sorgen schon ihre völlig anders gearteten Existenzbedingungen. Wohl aber besteht die Gefahr, daß eine kulturzerstörende Revolutionsromantik jede Kulturkontinuität dadurch zerreißt, daß sie alle Formelemente der bürgerlichen Welt als bourgeoise verfemt. In gewisser Hinsicht tut man dem russischen Bolschewismus unrecht, wenn man solche Revolutionsliteraten, die übrigens ebenso häufig im Feuilleton der demoliberalen Presse wie im kommunistischen und fascistischen Leitartikel anzutreffen sind, als Kulturbolschewisten bezeichnet. Denn erstens war der Kommunismus für die Russen nicht nur eine eitle und im nächsten Essay auswechselbare Attitüde, sondern sie haben für ihre Überzeugungen gekämpft und geblutet.

Außerdem wäre es aber sehr erfreulich, wenn unsre als Bourgeoisfresser drapierten Federhelden so viel Verantwortung für die Zukunft unsrer Kultur aufbrächten und so klar zwischen bourgeois und bürgerlich unterscheiden wollten, wie es der bolschewistische Unterrichtsminister Lunatscharski getan hat, als er schon in den ersten Revolutionsjahren diesen Literatentypus folgendermaßen charakterisierte: „Es gibt Leute, die glauben, daß jede Verbreitung der ‚alten' Wissenschaft und der ‚alten' Kunst ein Kompromiß mit dem bürgerlichen Geschmack, ein verfluchtes Schleppenträgertum, eine Vergiftung des jungen sozialistischen Organismus mit dem Blute des verwesenden alten Zeugs bedeutet. Es gibt zum Glück nicht viele Vertreter dieser falschen Ansicht; der Schaden aber, den sie anrichten, könnte sehr groß werden. – Nein, ich wiederhole es zum tausendsten Male, das Proletariat muß die volle Ausrüstung der allgemeinen menschlichen Bildung anlegen, es ist eine historische Klasse. Sie muß ihren Weg vorwärts im Zusammenhang mit der ganzen Vergangenheit machen. Die Wissenschaft und die Kunst unter dem Vorwande ihrer Bürgerlichkeit abzulehnen, ist ebenso widersinnig, wie die Fabrikmaschinen und die Eisenbahnen aus diesem Grunde abzulehnen." Auch derjenige, der durch radikale Umwälzungen eine kollektivistische Stufe der europäischen Kultur kommen sieht, vermag in ihr nicht die Verleugnung aller bürgerlichen Lebensformen zu erblicken, sondern nur ihre Hegelsche Aufhebung, das heißt sowohl ihre Beseitigung wie zugleich ihre Bewahrung und Höherentwicklung.

Der Kampf gegen den Bourgeois um uns und in uns bleibt ewig notwendig. Den Besitzbourgeois hat die Gegenwart aus seiner Sekurität gründlich aufgeschreckt; nicht nur und nicht einmal in erster Linie deshalb, weil die ältesten, respektabelsten und für absolut sicher gehaltenen Fortifikationen des besitzbürgerlichen Lebens zerstört sind. Der Bourgeois fühlt sich allmählich auch seelisch-geistig nicht mehr saturiert. Er zweifelt an seinen Göttern. Die gesamte bürgerliche Gesellschaftsordnung einschließlich der sie stützenden Wirtschaft, Wissenschaft und Technik beginnen ihm problematisch zu werden. Überall tun sich Abgründe auf, an deren Möglichkeit er bislang nicht einmal geglaubt hat. Bald genug wird ihm auch die Hoffnung genommen werden, er könnte durch den ‚starken Mann' seine alte Sekurität zurückerlangen. Die Erschütterungen der Gegenwart können aber nicht dadurch überwunden werden, daß man aus Besitzbourgeois und Proletariern heroische Gewalttäter macht, sondern nur dadurch, daß man Staat und Gesellschaft so ordnet, daß die opferwillige Einordnung in sie aus immer tieferen und kräftigeren Willensschichten des Bürgers zu entquellen vermag.

[Zuerst veröffentlicht in: *Die Neue Rundschau* (*1932*), S. 721–736].

Anmerkungen

1 [Hans F. K. Günther, *Rassenkunde des deutschen Volkes,* München 1922, S. 399].

2 [Nichts ist uns fremder als der Staat].

3 [Friedrich Nietzsche, *Also sprach Zarathustra* (1886), in: ders., *Kritische Studienausgabe*, Band 4, herausgegeben von Giorgio Colli und Mazzino Montinari, München 1988, S. 30].

4 [Erwin von Beckerath, *Wesen und Werden des fascistischen Staates*, Berlin 1927, S. 25].

5 [Vgl. Vilfredo Pareto, *Das soziale System* (1926), in: ders., *Ausgewählte Schriften*, herausgegeben von Carlo Montgardini, Berlin 1975, S. 255].

6 [Benito Mussolini, *Il quinto anniversio della milizia* (Februar 1928), in: ders., *Opera omnia*, Band 23, Florenz 1951, S. 94].

7 [Zitiert in Benedetto Croce, *Geschichte Italiens 1871–1915*, Berlin 1928, S. 98].

8 [Vgl. Benito Mussolini, *Contro la massoneria* (Mai 1925), in: ders., *Opera omnia*, Band 21, Florenz 1951, S. 309].

9 [Nietzsche, *Zarathustra*, S. 81].

10 [Georges Sorel, *Über die Gewalt* (1908), Innsbruck 1928, S. 348].

10. Autoritärer Liberalismus

Das Jahr 1932 hat Deutschland das Schlagwort vom ‚autoritären' Staat beschert; das Kabinett Papen hat dieses Schlagwort sogar zum Regierungsprogramm erhoben. Zwar hat die Regierung Papen noch im gleichen Jahre ihr Ende gefunden. Sie war aber nicht die Erfinderin des ‚autoritären' Staatsprogramms, sondern nur der Exponent der Mächte, die nach wie vor auf Verwirklichung jenes Programms drängen. Wir werden deshalb noch viele Jahre allen Anlaß haben, uns mit den praktischen und theoretischen Verfechtern des ‚autoritären' Staates auseinanderzusetzen. Ein mit den deutschen Verhältnissen nicht sehr gut vertrauter Ausländer wüßte bestimmt nicht zu sagen, welche konkreten politischen Ziele mit diesem Schlagwort gemeint sind. Autorität heißt Macht und Geltung, Ermächtigung und Berechtigung. Gegen wen oder was polemisiert also die Vorstellung vom ‚autoritären' Staat? Hat es jemals einen nichtautoritären Staat gegeben? Ist nicht jeder Staat als Staat ein autoritärer Herrschaftsverband?

Die Unklarheit des Schlagwortes vom ‚autoritären' Staat ist eine wenn auch nicht gewollte, so doch wohl begründete. Worauf seine Wortführer zielen, kann nur geklärt werden durch die Beantwortung zweier Fragen: welche Grundlage wollen die Protagonisten des Schlagwortes der staatlichen Autorität geben, und auf welchen Lebensgebieten soll ihrem Willen nach der Staat autoritär auftreten?

Die erste Frage ist verhältnismäßig leicht zu beantworten. Mit dem ‚autoritären' polemisiert man in Wahrheit gegen den demokratischen Staat. „Autorität nicht Majorität" heißt die von Friedrich Julius Stahl vor hundert Jahren formulierte Antithese, die inzwischen allerdings nicht richtiger geworden ist. Denn daß der demokratische, durch Mehrheitsentscheidung konstituierte Staat autoritätslos wäre, wird sich auf Grund antiker und moderner, für die Deutschen durch den Krieg bitter genug erhärteter Erfahrung sicherlich nicht behaupten lassen. Autoritären Staat sagt man also, autokratische kontra demokratische Staatsautorität meint man.

Daß die demokratische Theorie und Praxis der deutschen Nachkriegszeit den Kämpfern für den ‚autoritären' Staat breiteste Angriffsflächen geboten hat, darf nicht verkannt werden. Auch wenn man alle Zwangsläufigkeiten gelten läßt, die sich mit dem verlorenen Krieg und dem ihm folgenden Währungs- und Wirtschaftsverfall einstellten, auch wenn man in Rechnung stellt, daß es die gleichen militärisch und wirtschaftlich höchst einflußreichen Kreise sind, die sich seit 1918 weidlich bemüht haben, die demokratische Staatsautorität zu unterhöhlen, und die heute nach dem ‚autoritären' Staat schreien, wenn man alle diese Erklärungen und Entschuldigungen für die Schwäche der deutschen Demokratie zugibt, so kann man die praktischen und theoretischen Träger dieser Demokratie doch nicht von der historischen Schuld lossprechen, daß sie das unerschütterliche Gesetz der politischen Macht allzusehr mißkannt haben. Es ist ein jahrhundertealter Nationalfehler der Deutschen, daß sie die nur dialektisch zu trennende Einheit von Recht und Macht ebenso endgültig auseinanderrissen wie die von Theorie und Praxis, und Recht und Macht womöglich auch noch auf zwei verschiedene Parteiprogramme zu verteilen bestrebt sind. Wie vor hundert Jahren die liberale, so beanspruchte seit 1918 auch die soziale Demokratie in Deutschland vor allem für sich das Recht und wußte von der bösen Macht, in der sich inzwischen ihre Gegner immer wohnlicher einzurichten verstanden, keinen rechten Gebrauch zu machen. Sollte es dem 20. Juli 1932 nicht gelungen sein, der sozialen Demokratie die Macht-Recht-Dialektik tiefer einzuhämmern als der liberalen Demokratie die Jahre 1813 und 1849, so dürfte der autokratisch-autoritäre Staat in Deutschland für lange Jahre zur Wirklichkeit werden.

Die Evidenz des an sich unklaren Schlagwortes vom ‚autoritären' Staat beruht also im Nachkriegsdeutschland zu einem Teil auf der Schwäche des demokratischen Regimes. Zum weitaus größeren Teile aber darauf, daß die ratlose Verwirrung, in der sich Deutschland namentlich seit 1929 befindet, es besonders empfänglich macht für jede Diskreditierung der demokratischen Staatsautorität und für den Wunderglauben an die Diktatur. Dadurch, daß Millionen mit religiöser Inbrunst an die

Erlösung aus allen Nöten durch den ‚Führer' glauben, wird die an sich nicht geringe Schwierigkeit der politischen Mehrheitsbildung und der demokratischen Regierungsbildung weit über das soziologisch begründete Maß hinaus gesteigert. In diesem krisenhaften Ausnahmezustand kann eine Staatsauffassung Erfolg haben, die gleich der von Carl Schmitt die Ausnahme für entscheidend, die Regel und Norm aber für belanglos erklärt und sich seit anderthalb Jahrzehnten darum bemüht, die demokratische zugunsten der diktatorischen Staatsautorität herabzusetzen.

Daß in Not- und Ausnahmezuständen eine Konzentration der Staatsautorität und die Bestellung eines demokratisch abberufbaren Diktators notwendig wird, haben die abendländischen Völker mindestens seit den Zeiten der antiken römischen Demokratie gewußt. Carl Schmitt aber sucht mit einer mehr als gewagten Logik diesen Ausnahmezustand als den wahren und richtigen Normalzustand, die dauernde, nicht nur auf die Notzeit beschränkte, sondern autokratische Diktatur als die wahre Demokratie nachzuweisen. Im Grunde kennt er nur einen einzigen ‚autoritären' Staat, nämlich die fascistische Diktatur nach Mussolinis Muster, die ‚in antiker Simplizität' mit Hilfe einer einzigen Diktaturpartei dem gesamten politischen Leben den Willen eines einzigen Mannes gewaltsam aufzwingt. Zum höheren Ruhme dieses ‚autoritären' Staates müssen alle Einrichtungen und Denkformen des demokratischen Rechtsstaates um ihre Autorität gebracht, als rationalistischer Unsinn des achtzehnten oder neunzehnten Jahrhunderts dargestellt und die Weimarer Verfassung durch eine entsprechende Interpretation *ad absurdum* geführt werden. Deshalb ist für diese Rechtswissenschaft zum Beispiel eine Verfassung nicht etwa ein Rechtsnormenzusammenhang, sondern eine ‚Entscheidung', der Parlamentarismus eine unsinnige Einrichtung, welche durch Diskussion die ewigen Wahrheiten feststellen will, und jede Verfassungsgerichtsbarkeit ein Gift, welches dazu bestimmt ist, das Deutsche Reich auf den Stand seiner Machtlosigkeit im siebzehnten und achtzehnten Jahrhundert zu bringen.

Wie sich dieser ‚autoritäre' Staat in den Köpfen der Papenregierung malte, hat Walther Schotte in seinem Buche *Der neue Staat* dargestellt. Zur Frage der Form des ‚autoritären' Staates äußert sich der Monarchist von Papen mit der ebenso tiefsinnigen wie bequemen Gegenfrage: „Was sind übrigens vor Gott Staatsformen?"[1] Als Frucht der Schmittschen Staatsauffassung und Verfassungsinterpretation, auf die in anderem Zusammenhang ausdrücklich Bezug genommen wird, ergibt sich der Metternichsche Grundsatz: ‚Die Staatsgewalt ruht beim Reichspräsidenten, der zwar vom Volke gewählt wird, aber seine Verantwortung dennoch allein vor Gott trägt". Nimmt man hinzu, daß die geheime Wahl nach Schmittscher Ansicht in Wahrheit undemokratischer ist als das offene (zum Beispiel im fascistischen Italien von der Diktaturpartei kontrollierte) Plebiszit, so weiß man, daß die Grundlage dieses ‚autoritären' Staates nicht die Demokratie, „das Idol verführter Massen", sondern die Autokratie sein soll.[2] Woher das „*sacrum imperium*" dieses autoritären Staates seine Sakralität bezieht, bleibt allerdings trotz aller Berufung auf Gott unerfindlich.

Die antidemokratische Grundlage des ‚autoritären' Staates ist auf der Hand liegend. Sehr viel schwieriger, aber auch sehr viel aufschlußreicher ist die Beantwortung der Frage, auf welchen Lebensgebieten der Staat autoritär auftreten und welche Grenzen seine Autorität nach dem Willen seiner Wortführer respektieren soll. Eben diese Grenzen der Staatsautorität werden sich als das wahre *experimentum crucis* des ‚autoritären' Staates erweisen.

Lange Jahre hatte es den Anschein, als ob die Außenpolitik des Deutschen Reiches den ‚autoritären' Staat notwendig hätte. Verführte Massen wurden in dem Aberglauben erhalten, der ‚starke Mann' wäre imstande, die drückenden Lasten des Weltkrieges rasch und erfolgreich zu beseitigen. Diese außenpolitische Begründung des ‚autoritären' Staates hat sehr viel von ihrer Überzeugungskraft eingebüßt, seitdem es dem demokratischen Staate in einer noch viel zu wenig gewürdigten Weise gelungen war, Deutschland von den schwersten Folgen eines Krieges zu befreien, den ein ‚autoritärer' Staat verloren hatte.

Daß die Außenpolitik nicht das eigentliche Lebensgebiet des ‚autoritären' Staates sein soll, wird von Walther Schotte mit dankenswerter Offenheit bestätigt. Denn die Außenpolitik der Papenregierung geht, wie er richtig bemerkt, nicht mehr von den brennenden Nöten aus wie die ihrer Vorgänger. „Sie kann es ihren Vorgängern danken, daß die aktuellsten Nöte, wie die der Besetzung deutschen Landes durch den Feind, oder selbst die unbegrenzten Reparationsforderungen bereits gelöst oder einer Lösung so nahe gebracht worden waren, daß es zum Beispiel in der Reparationsfrage nur noch des Vertrags von Lausanne bedurfte, um das Gespenst der politischen Schulden für immer in die Rumpelkammer der Geschichte zu verscheuchen".[3] Nachdem Frankreich auch die militärische Gleichberechtigung Deutschland zugestanden hat, sind die glaubhaften Motive einer autokratischen Außenpolitik rar geworden.

Also meinen die militärisch und wirtschaftlich mächtigen Vorkämpfer des ‚autoritären' Staates, sie, die seit einigen Monaten auch politisch allein das Heft in der Hand zu haben glauben, den innerpolitisch grenzenlos autoritären, den ‚totalen' Staat? Beileibe nicht! Diese aus Jugendbewegung und Kriegserlebnis geborene, ebenso ehrliche wie politisch unklare Schwärmerei überlassen sie einem Ernst Jünger, der das ursprünglich dem italienischen Fascismus entstammende Schlagwort vom totalen Staat bei uns verbreitet hat. Der ‚Arbeiter' und der ‚Krieger', ökonomisch, geistig und seelisch schwer leidend unter der anarchischen Zerrissenheit des Volkes, mögen sich in ihrer unpolitischen Erlösungssehnsucht begeistern für eine völlig gegensatzlose Gemeinschaft, in der das Individuum völlig aufgelöst und erlöst ist, sie mögen von der klassenlosen Gesellschaft und vom ‚Reich', von einem internationalen oder nationalen Sozialismus stark und tief träumen–, der ‚autoritäre' Staat ist wach und weiß sehr genau, daß er ein totaler Staat weder sein will noch sein kann.

Der totale Staat ist eine praktisch-politische Unmöglichkeit. Immer kann der Staat nur Teilinhalte des Menschen, niemals den ganzen Menschen erfassen. Seit den Zeiten des Bodin, das heißt seitdem es überhaupt einen modernen Staat gibt, mußte dieser zunächst einmal darauf verzichten, als politischer Verband zugleich Kultgemeinschaft zu sein; er mußte zuerst auf religiösem Gebiet, dann auch im Bereich der Kunst und Wissenschaft tolerant und liberal werden. So oft aber in der modernen Geschichte eine auch nur relative Totalität des Staates angestrebt wurde, trat immer zugleich die Forderung einer einheitlichen, vom Staat anzuordnenden *religion civile* auf. Eine Autorität, die mehr als unser äußeres Verhalten motivieren, die auch unsern inneren Menschen bestimmen, uns im Wissen und Gewissen verpflichten will, muß sich auf mehr als bloße Machtüberlegenheit oder Nützlichkeitserwägungen berufen können. Die Legitimation einer solchen Autorität kann auch durch einen allgemeinen Gott und ein dogmatisch ungebundenes und damit konkret unverbindliches Christentum so wenig übernommen werden wie durch den rationalistischen Kult eines *être suprême.* Deshalb sucht Mussolini, der das Glück hat, über ein kirchlich einheitliches Volk zu diktieren, seine politische Autorität um jeden Preis durch die Autorität der katholischen Kirche zu fundieren. Ob die Unterbauung des nationalistischen Fascismus durch den universalistischen Katholizismus möglich ist, kann mit Fug bezweifelt werden. Unzweifelhaft aber fehlt in Deutschland sowohl dem ‚totalen' wie dem ‚autoritären' Staat jede Art von metaphysisch-religiöser Fundierung, weshalb er auch auf dem Gesamtgebiete der geistigen Kultur nicht mit letzter Autorität auftreten und die Kulturgemeinschaft nicht unmittelbar zu bestimmen vermag.

Die Erfolge des Sozialismus wie des völkischen Nationalismus beruhen letztlich auf dem Glauben, daß auf dem Umweg über die autoritäre Wirtschaftsgemeinschaft oder die autoritäre Rassengemeinschaft die einheitliche Kulturgemeinschaft zu verwirklichen sei. Wer davon überzeugt ist, daß sich von einem gemeinsamen Rassenkörper mit naturwissenschaftlicher Sicherheit auf eine entsprechende Rassenseele oder einen solchen Rassengeist schließen läßt, wird dem Staat die Aufgabe stellen, die Kulturgemeinschaft rassisch zu züchten. Weite Kreise des heutigen deutschen Volkes nennen diese Vorstellungsweise idealistisch.

Der Glaube an die Herstellung der geistigen Gemeinschaft durch die autoritäre Wirtschaftsgemeinschaft wird dagegen von Bildung und Besitz der Gegenwart als Materialismus gebrandmarkt. Allerdings beginnt auch die bürgerliche Jugend, die der Sozialismus Hitlers zum Nachdenken veranlaßte, den verhältnismäßigen Wahrheitsgehalt des ungeduldigen Ausrufs zu begreifen, den der Idealist Schiller zur *Würde des Menschen* getan hat: „Nichts mehr davon, ich bitt' euch. Zu essen gebt ihm, zu wohnen. Habt ihr die Blöße bedeckt, gibt sich die Würde von selbst."

Der Staat als ‚Aufnordungsgemeinschaft' hat diese Träger des ‚autoritären' Staatsgedankens keinen Augenblick ernst beschäftigt. Entscheidend aber für den politisch-gesellschaftlichen Charakter des ‚autoritären' Staates ist ihre Stellung zur kapitalistischen Wirtschaftsform. Im neunzehnten Jahrhundert hatte der preußisch-deutsche Konservatismus den bürgerlich-liberalen Kapitalismus, der alle überlieferten Bindungen auflöste, entschieden abgelehnt. Ohne allerdings die Entwicklung dieser Wirtschaftsform hindern zu können, hatte der Konservatismus damals die Kraft besessen, dem liberalen Bürgertum seine politischen Wertungsweisen einzuimpfen und es allmählich politisch zu feudalisieren. Das Produkt dieser eigentümlichen, feudal-kapitalistischen Kreuzung war der schon dem Namen nach widerspruchsvolle Nationalliberalismus. Im zwanzigsten Jahrhundert vollzog sich der umgekehrte Prozeß. Der großbürgerliche Kapitalismus zeigt die größere Assimilationskraft, dem Konservatismus werden alle antikapitalistischen Hemmungen genommen und der letzte Tropfen sozialen Öles entzogen; zum Vorsitzenden der ehemaligen konservativen Partei wird der frühere Kruppdirektor und Zeitungsmagnat Hugenberg. Dieser soziologischen Wandlung entsprechend ist der ‚autoritäre' Staat die folgerichtige Weiterentwicklung des Nationalliberalismus und am besten als autoritärer Liberalismus anzusprechen.

Die Bezeichnung dieser politischen Willensrichtung als Liberalismus rechtfertigt sich in erster Linie durch ihre Stellungnahme zum Kardinalproblem der Gegenwart, zur Frage der Wirtschaftsordnung. Sobald nämlich von Wirtschaft die Rede ist, verzichtet der ‚autoritäre' Staat restlos auf seine Autorität und seine angeblich ‚konservativen' Wortführer kennen nur noch die Parole: Freiheit der Wirtschaft vom Staate! Mit Emphase bekennen sich Papen „zum Gedanken der Privatwirtschaft" und für „die Initiative und freie Arbeitskraft aller wirtschaftstreibenden Menschen";[4] seinem Wunsche nach müssen Staat und Wirtschaft „streng" voneinander geschieden sein, der Staat hat den vollen „Rückzug aus der Wirtschaft" anzutreten.[5] Zum Verwechseln ähnlich werden die für den ‚autoritären' Staat begeisterten Konservativen mit den alten Manchestermännern, wenn sie gleich Papen vor allem vermeiden wollen, „durch neue künstliche Konstruktionen die Beweglichkeit der Wirtschaft weiter zu unterbinden. Im Gegenteil: *Bindungen müssen gelockert werden*".[6] Ein Konservativer des neunzehnten Jahrhunderts hätte dieses Wort bestimmt nicht in den Mund genommen.

Gegenwärtig hält auch Carl Schmitt den Zeitpunkt für gekommen, um seine Gedanken über den ‚autoritären' Staat, die bisher hinter geistreichen Negationen versteckt lagen, ein wenig klarer auszudrücken. Die passende Gelegenheit dazu bot ihm die sechzigste Mitgliederversammlung des Langnamvereins im November 1932, in welcher er sich vor fünfzehnhundert Schwerindustriellen über das Thema „Staat und Wirtschaft" verbreitete. Die Ergebnisse, zu denen er gelangt, rechtfertigen durchaus die maßgebliche Ansicht der *Deutschen Bergwerkszeitung* vom 24. November, der Langnamverein habe mit der Wahl dieses Redners „einen besonders guten Griff getan". Brachte doch seine Festrede das Verlangen, „daß der Staat alle Schlupfwinkel, die er im Wirtschaftsleben besetzt halte, aufgebe und sich wirtschaftlich nur in der Form eines klar begrenzten und deutlich nach außen gekennzeichneten Staatsregales beteilige".

Die Begeisterung für die ‚Entstaatlichung der Wirtschaft', für die ‚saubere' Unterscheidung einer staatsfreien Wirtschaftssphäre muß dem total-autoritären Staatstheoretiker nicht ganz leicht gefallen sein. Seine außerordentliche Worterfindungskunst weiß sich aber zu helfen. Bisher hatte man von Carl Schmitt vernommen, daß der heutige Staat ein schwacher, weil

‚pluralistischer' Staat sei, in welchem namentlich auch die wirtschaftlichen Interessenverbände um die Macht ringen. Als geistreich umspielte Lösung erschien der totale und deshalb starke Staat am Horizont. Die Tagung des Langnamvereins aber bescherte uns durch Carl Schmitt eine klarere Interpretation des totalen Staates. Nun haben wir nämlich zu unterscheiden einen totalen Staat, der den Versuch macht, autoritär die Wirtschaft zu ordnen; das sei aber der nur seinem „Volumen" nach totale Staat, der schwache Staat, den wir eben gegenwärtig in Deutschland haben.[7] Dagegen soll der qualitativ totale Staat derjenige sein, der sich von der Wirtschaft scharf scheidet, dafür aber mit den stärksten militärischen und Massenbeeinflussungsmitteln (Radio, Kino) regiert. In diesem Sinne sei aber jeder starke Staat ein totaler Staat.[8] „Was das bedeutet", fügt der nicht gerade logische, aber politisch durchaus eindeutige Festredner hinzu, „bewiese der Fascismus".[9] Als einziges Beispiel autoritärer Staatsführung, „mutiger staatlicher Machtentfaltung" weiß dieser staatsrechtliche ‚Hüter der Verfassung' den 20. Juli 1932 anzuführen.[10]

Der ‚autoritäre' Staat wird also einmal durch seinen Rückzug aus der ökonomischen Produktion und Distribution gekennzeichnet. Papen wäre aber nicht der repräsentative Kämpfer für den ‚autoritären' Staat, wenn er nicht zugleich der Bekämpfer des ‚Wohlfahrtsstaates' wäre. Vermutlich bedeutet das nicht Abstinenz des Staates von der Subventionspolitik für Großbanken, Großindustrielle und Großagrarier, sondern autoritären Abbau der Sozialpolitik. Durch den Mund ihres Apologeten Schotte belehrte uns die autoritäre Regierung des Herrn von Papen dahin, daß die Krankenversicherung die Volksgesundheit schädige und daß die Arbeitslosigkeit für den Arbeiter nicht ein Schicksal sei–, „die Überfülle der Schwarzarbeit beweist das". Die Arbeitslosenversicherung habe deshalb als Nonsens zu gelten: „der einzelne muß sich zumeist selbst helfen!"[11] Nach Herrn von Papen ist der ‚autoritäre' Staat selbstverständlich sozial, als sozial aber definiert Papen den Staat, „der die Arbeit als Pflicht, der die Arbeit als *das* seelische Glück seines Volkes verteidigt".[12] Die Sehnsucht von Millionen deutscher Menschen nach Arbeit, nach dem autoritär gesicherten Recht auf Arbeit hätte diese Worte unmöglich machen sollen.

Neben dem Rückzug aus der Wirtschafts- und Sozialpolitik soll dieser ‚autoritäre' Staat auch noch den Rückzug aus der sozialen Kulturpolitik antreten. Einst war der preußische Konservative stolz gewesen auf die allgemeine Schulpflicht und auf den Schulmeister, der angeblich Königgrätz gewann. Heute hören wir von Herrn von Papen, man werde unter dem Gesichtspunkte des Abbaus der Staatstätigkeit in erster Linie die Tendenzen der Kulturpolitik nachprüfen müssen; namentlich sei der Staat „nicht verpflichtet dazu, die allgemeine Volksbildung zu ‚verschenken'; die Erziehungsberechtigten sollen auch ihrerseits Opfer bringen. Ich halte das für einen unmöglichen Zustand, daß die Ausgaben für das Volksschulwesen sich gegenüber der Zeit vor dem Kriege verdreifacht haben."[13]

Durch diese Belege dürfte der ungefähre Inhalt des autoritären Liberalismus hinreichend gekennzeichnet sein: Rückzug des ‚autoritären' Staates aus der Sozialpolitik, Entstaatlichung der Wirtschaft und diktatorische Verstaatlichung der politisch-geistigen Funktionen. ‚Autoritär' und stark muß solcher Staat sein, weil, nach Schmitts durchaus glaubwürdiger Versicherung, nur er die ‚übertriebenen' Verbindungen zwischen Staat und Wirtschaft zu lösen vermag. Sicherlich! Denn in demokratischen Formen würde das deutsche Volk diesen neoliberalen Staat nicht lange ertragen. Ist es doch der Finanzminister des Papenkabinetts Graf Schwerin-Krosigk, der in Schottes Buch die Feststellung macht, daß fast neunzig Prozent unseres Volkes von einem Einkommen leben, das im Durchschnitt für die vierköpfige Familie fünfzehnhundert Mark im Jahr noch nicht erreicht![14]

An dieser Stelle ist nur eine Darstellung, keine Kritik des postumen Nationalliberalismus beabsichtigt. Daß der Anspruch dieses ‚autoritären' Staates, im Gegensatz zum demokratischen Parteienstaat, ein wahrhaft überparteilicher und gerechter Staat zu sein, daß dieser Anspruch, den Carl Schmitt, ohne die Miene zu verziehen, verteidigt, von den eben bezeichneten neunzig Prozent des Volkes auf die Dauer ernst genommen werde, dafür besteht ohnehin nicht die geringste Aussicht. Kein Staat, der wirklich den Willen hat, die ‚freie Arbeitskraft aller wirtschafttreibenden Menschen' zu sichern, wird den Rückzug aus der Wirtschaft antreten dürfen; er wird gerade auf dem ökonomischen Gebiet autoritär, und zwar sozialistisch auftreten müssen. Es wird aber auch kein europäischer Staat ein starker Staat sein, dem es nicht gelingt, sich gegen Banken, Industrie und Landwirtschaft auch wirtschaftlich stark zu machen und durch eine Organisation der Wirtschaft, welche in erster Linie den Bedarf der neunzig Prozent deckt, deren Staatsfreudigkeit zu heben.

Möglicherweise beruhigt sich der deutsche Bürger vorerst mit der von Carl Schmitt dem Langnamverein gegebenen Versicherung, es sei durch die Steigerung der technischen Hilfsmittel, insbesondere der Militärtechnik, eine Machtsteigerung des Staates entstanden, neben der alle früheren Vorstellungen von Revolutionen und Barrikadenstürmen verblaßten. Auch eine über jedes politische Ethos so hoch erhabene Argumentation kann uns die geschichtliche Erinnerung nicht daran nehmen, daß in Rußland schon 1917 ein Staat sein schicksalhaftes Ende fand, der wahrlich virtuos die Technik einer aufgabenfreien Macht beherrscht hat.

[Zuerst veröffentlicht in: *Die Neue Rundschau*, Heft 3 (1933), S. 289–298].

Anmerkungen

1 [Franz v. Papen, zitiert in Walther Schotte, *Der neue Staat*, Berlin 1932, S. 39].
2 [Schotte, *Der Neue Staat*, S. 35].
3 [Schotte, *Der Neue Staat*, S. 80].
4 [Schotte, *Der Neue Staat*, S. 94].
5 [Schotte, *Der Neue Staat*, S. 96].
6 [Schotte, *Der Neue Staat*, S. 119].
7 [Vgl. Carl Schmitt, *Starker Staat und gesunde Wirtschaft*, in: ders., *Staat, Großraum, Nomos. Aufsätze aus den Jahren 1916–1969*, herausgegeben von Günter Maschke, Berlin 1995, S. 81].
8 [Schmitt, *Starker Staat*, S. 80].
9 [Vgl. Schmitt, *Starker Staat*, S. 80].
10 [Schmitt, *Starker Staat*, S. 178].
11 [Schotte, *Der Neue Staat*, S. 154].
12 [Schotte, *Der Neue Staat*, S. 157].
13 [Schotte, *Der Neue Staat*, S. 121].
14 [Schotte, *Der Neue Staat*, S. 103].

Nachwort: Hermann Hellers Wille zur Demokratie

von Hubertus Buchstein & Dirk Jörke

Hermann Heller ist der große Unvollendete unter den deutschen Staatsrechtslehrern des 20. Jahrhunderts. Von Beginn an verteidigte er die Weimarer Verfassungsordnung und setzte sich reformerisch für ihre sozialistische Weiterentwicklung ein, um den Weg von der liberalen zur sozialen Demokratie zu ebnen. Für ihn beruht Demokratie auf geteilten Werten, benötigt „soziale Homogenität" und achtet die Rechtsstaatlichkeit. Gleichzeitig mahnte er, dass sich der demokratische Staat entschlossen gegen seine Feinde wehren muss.

Die von Heller ausgelegten Fährten wurden nach seinem frühen Tod im spanischen Exil 1933 in unterschiedliche Richtungen weiterverfolgt: in der Theorie demokratischer Souveränität, im Konzept des sozialen Rechtsstaates, in der Idee einer Kulturnation, in der pluralistischen Demokratietheorie, in der Theorie der wehrhaften Demokratie sowie in der konzeptionellen Weiterentwicklung der juristischen Staatsrechtslehre zur Politikwissenschaft.

Im Gedankenreichtum des Werkes von Heller spiegelt sich das ganze Drama der Zerstörung der ersten deutschen Demokratie wider. Die in diesem Band versammelte Auswahl seiner Schriften[1] legt den Akzent auf Heller als wachsamen Beobachter und kämpferischen Verteidiger der Demokratie in bedrohter Zeit, von dessen theoretischen Schlussfolgerungen, politischem Scharfsinn und schriftstellerischer Brillanz sich auch 90 Jahre nach seinem Tod etwas für heutige Debatten lernen lässt.

1. Ein turbulentes Leben

Hermann Ignaz Heller wurde am 17. Juli 1891 in einem großbürgerlichen jüdischen Elternhaus in der Stadt Teschen in der österreichischen k. u. k. Monarchie geboren.[2] Sein Vater hatte eine Rechtsanwaltspraxis und seine Mutter führte den Haushalt mit den drei Kindern. Die Familie gehörte zum wohlhabenden liberalen deutschsprachigen Milieu im multikulturellen Teschen. Früh nahm Heller an Aktivitäten der österreichischen Jugendbewegung teil, die sein Interesse am Thema Sozialismus weckten. Nach dem Abitur 1909 trat er in die Fußstapfen seines Vaters und studierte Rechts- und Staatswissenschaften, zunächst in Wien und später in Graz und Innsbruck.

Mit dem Ausbruch des Weltkrieges musste er sein Studium unterbrechen und wurde zum österreichisch-ungarischen Militär eingezogen. Im Zuge der Kampfhandlungen zog er sich neben schwerem Gelenkrheumatismus eine Entzündung des Herzmuskels zu. Er galt von nun an als nicht mehr fronttauglich und wurde daher als Richter in verschiedenen Feldgerichten eingesetzt. Gleichzeitig bekam er die Gelegenheit, seine juristischen Staatsprüfungen Ende 1914 in Graz zu absolvieren sowie dort ein Jahr später eine „Kriegspromotion" abzulegen.

Nach Ende des Krieges zog Heller nach Leipzig. Dort begann er mit der Arbeit an seiner Habilitation. Mittlerweile war er mit den Schriften der Austromarxisten Otto Bauer, Karl Renner und Max Adler in Berührung gekommen und setzte sich intensiv mit deren Thesen auseinander. Leipzig war zu dieser Zeit eine Hochburg des linken, dem Austromarxismus nahestehenden Flügels der Sozialdemokratie. Heller veröffentlichte zu dieser Zeit eine aktualisierende Einleitung in Ferdinand Lassalles *Arbeiterprogramm* von 1862, einem nicht-marxistischen Gründungsdokument der deutschen Sozialdemokratie. Seine Kontakte zum sozialdemokratischen Flügel der Arbeiterbewegung intensivierten sich in der Folgezeit. Im Sommer 1919 zog er ins norddeutsche Kiel. Dort beendete er seine Habilitationsschrift mit dem Titel *Hegel und der nationale Machtstaatsgedanke in Deutschland*. In Kiel wurde er Mitglied der SPD und publizierte erste Schriften zum Thema politische Bildung mit dem Ziel, die Arbeiterschaft an die „wissenschaftliche Politik" (Heller 1919, 579) heranzuführen.

Als am 13. März 1920 bewaffnete rechtsextreme Militärverbände das Regierungsviertel in Berlin besetzten, taten sie dies mit dem Ziel, Wolfgang Kapp, einen Anführer der rechtsextremen Vaterlandspartei, an die Macht im Reich zu bringen und die Verfassung zu beseitigen. Ein von den Gewerkschaften ausgerufener Generalstreik sowie der Widerstand in Teilen der Beamtenschaft und der Ministerialbürokratie ließen den Kapp-Putsch nach wenigen Tagen zusammenbrechen. In Kiel unterstützte Heller zusammen mit seinem Mentor, dem Rechtsphilosophen Gustav Radbruch, eine Gruppe von Hafenarbeitern bei der Verteidigung der Reichswerft gegen die Putschisten. Er übernahm die Aufgabe, zusätzliche Waffen für die Werftbesetzer zu organisieren. Nachdem dies nicht in ausreichendem Maße gelang, wurden Radbruch und Heller von den Putschisten als Rädelsführer in einem Standgerichtsverfahren zum Tode verurteilt. Lediglich der schnelle Zusammenbruch des Putsches verhinderte die Vollstreckung des Todesurteils (vgl. Holldorf 2013, 232–234).

In Kiel heiratete Heller Gertrud Falke, Tochter des Schriftstellers Gustav Falke, die in den 1920er Jahren als Kunsttänzerin Berühmtheit erlangte. Die beiden hatten drei Kinder, die Töchter Hinde (1923) und Monika (1927) sowie den Sohn Lukas (1930). 1921 zog das Paar nach Leipzig, wo Heller an der Juristischen Fakultät erneut habilitiert wurde, um dort als Privatdozent lehren zu können. Doch für einen jüdisch-stämmigen linken Rechtswissenschaftler war der Karriereweg an einer Juristischen Fakultät in Deutschland nahezu verschlossen. So arbeitete Heller zunächst als Rezensent und Begutachter von Büchern für die städtischen Leipziger Bücherhallen. Ein Jahr später übernahm er die Leitung des dortigen Volksbildungsamtes sowie der Leipziger Volkshochschule. Von Heller gingen wichtige theoretische und praktische Impulse für die Volkshochschulbildung aus, deren Zielgruppe in erster Linie jüngere Arbeiterinnen und Arbeiter waren.

Während seiner Leipziger Zeit trat Heller mit einer Reihe von Veröffentlichungen hervor, von denen zwei in diesen Band aufgenommen worden sind. Zum einen der Text *Grundrechte und Grundpflichten*, der 1924 in einem staatsrechtlichen Kommentar der Weimarer Reichsverfassung erschienen ist. Der zweite aufgenommene Text mit dem Titel *Sozialismus und Na-*

tion steht im engen Kontext einer Debatte mit Autoren wie Max Adler über Internationalismus und Nationalismus (vgl. Adler 1922). Kurz nach der Publikation von Hellers Schrift kam es im April 1925 auf der Reichskonferenz der Jungsozialisten in Jena zur direkten Konfrontation der beiden. Heller konnte sich jedoch mit seiner Ablehnung der Marxschen Doktrin vom Absterben des Staates und mit seinem Plädoyer für ein Nationenverständnis, das auf kulturellen Gemeinsamkeiten basiert, bei seinen jungen Parteigenossen nicht durchsetzen (vgl. Walter 1983, 32–41). Trotz seiner Kritik am orthodox-marxistischen Mainstream blieb er in den folgenden Jahren den Jungsozialisten in Loyalität verbunden.

Heller hatte die religiösen jüdischen Rituale seit Verlassen des Elternhauses nicht mehr praktiziert und erklärte 1925 seinen Austritt aus der mosaischen Religionsgemeinschaft. Nachdem er 1926 als Referent am Kaiser-Wilhelm-Institut für ausländisches öffentliches Recht und Völkerrecht in Berlin die Gelegenheit zur ersehnten akademischen Tätigkeit bekommen hatte, zog er zusammen mit seiner Familie in die Reichshauptstadt. In dieser Zeit erschien die Monographie *Die politischen Ideenkreise der Gegenwart*. Er unterschied darin zwischen einem monarchischen, einem liberalen, einem demokratischen, einem nationalen und einem sozialistischen Ideenkreis und plädierte für eine neue Synthese aus den drei zuletzt genannten Ideenkreisen. Am Institut verfasste er eine umfassende Studie zur Problematik der Souveränität, die 1927 als Buch erschien.

1928 wurde Heller vom Preußischen Wissenschaftsminister Carl Heinrich Becker zum außerordentlichen – also nicht honorierten – Professor für Öffentliches Recht an der Friedrich-Wilhelms-Universität Berlin ernannt; der ministerielle Eingriff des Hochschulreformers erfolgte, nachdem maßgebliche Teile der konservativen und rechtsgerichteten Professorenschaft an der Juristischen Fakultät ihn aus politischen Gründen abgelehnt hatten. Ab 1928 lehrte Heller zudem an der Deutschen Hochschule für Politik, die im Schinkel-Bau gegenüber des Berliner Stadtschlosses untergebracht war. Seine Seminare fanden großen Anklang und Heller kreuzte dort u.a. mit Ernst Fraenkel,

Franz L. Neumann, Otto Kirchheimer und anderen marxistisch orientierten sozialistischen Juristen die argumentativen Klingen. Heller war ein Mensch mit vielen intensiven Freundschaften, er scheute aber polemische und schroffe Worte nicht, wodurch er in Berlin häufig in persönliche und institutionelle Konflikte geriet. Privat verlief sein Leben in der Hauptstadt ebenfalls turbulent. Aus einer Liaison mit der Schriftstellerin Elisabeth Langgässer stammt die 1929 geborene Tochter Cordelia; Heller blieb allerdings bei seiner Ehefrau.

In seinem Arbeitszimmer in der Adalbertstraße 29 in Berlin-Kreuzberg entstand eine regelrechte Stafette an Büchern, Aufsätzen und Redemanuskripten. Sechs Beiträge aus dieser Zeit haben wir in diesen Band aufgenommen. Ihr Themenspektrum ist auf dem ersten Blick breit gestreut: zeitgenössische Probleme des Verfassungsrechts, die sozialen Grundlagen der Demokratie, die Rolle von Staatsbediensteten im demokratischen Verfassungsstaat, die Kritik an aufkommenden Tendenzen der Diktatur sowie Pläne zur Verfassungsreform. Und doch besteht ihr gemeinsamer Nenner in Hellers unermüdlichem Kampf für die Weimarer Demokratie. 1928 hielt Heller sich mehrere Monate in Italien auf, um den damals neuen Faschismus zu studieren. Mit seinem Buch *Europa und der Fascismus* (1929 erschien die erste Auflage, 1931 eine erweiterte zweite Auflage) legte er eine genaue Analyse des von Mussolini diktatorisch geführten Italien vor. Die Studie über den italienischen Faschismus, so urteilt Jens Hacke zu Recht, „übertrifft in ihrer Tiefenschärfe und Systematik alle übrigen zeitgenössischen Versuche" (Hacke 2018, 176). Anders als fast alle seiner Zeitgenossen nahm Heller die faschistische Bedrohung sehr ernst und warnte vor ähnlichen Verhältnissen in Deutschland. Insbesondere Carl Schmitt warf er hellsichtig vor, mit seinen Doktrinen Tür und Tor für eine faschistische Diktatur zu öffnen.

Bei seinem Engagement für die Verteidigung der Weimarer Republik war Heller nicht nur schriftstellerisch aktiv, sondern stets auch als Vortragender unterwegs. Als mitreißender Redner war er begehrt. Einen dieser Vorträge hielt er im September 1930 auf dem 3. Kongress des Allgemeinen Deutschen Beamtenbundes (ADB), nur wenige Tage nach dem erdrutschartigen Stimmengewinn der Nazis bei den Reichstagswahlen. Heller appelliert an eine kämpferische Haltung der Berufsbeamtenschaft für den Staat der Weimarer Verfassung. Die im Zentralorgan des ADB veröffentlichte Rede war in der Heller-Forschung bislang nicht bekannt; sie fehlt auch in der ansonsten hervorragenden Bibliographie der Schriften Hellers von Hans Rädle in der Edition der Gesammelten Schriften Hellers. Wir verdanken diesen Fund Marcus Llanque, der kürzlich auch eine genauere Einordnung des Vortrages in die damaligen Debatten über das Berufsbeamtentum vorgenommen hat (vgl. Llanque 2022).[3] Heller nutzte für sein propagandistisches Wirken auch den Rundfunk; in Gesprächsreihen über politische Themen wandte er sich insbesondere an die junge Generation. Er zahlte einen hohen persönlichen Preis für seine vielfachen Aktivitäten. Stressbedingt brach sein im Krieg erlittenes Herzleiden im Sommer 1931 erneut aus, so dass er für einige Monate pausieren musste. Er begann in dieser Phase der Zurückgezogenheit mit der Arbeit an einer umfassenden Staatslehre.

Zum 15. März 1932 wurde Heller auf eine ordentliche Professur für Öffentliches Recht an der Universität Frankfurt am Main berufen. Sein Dienstantritt fiel in die Phase der sich verschärfenden politischen Krise der Weimarer Republik. Das Reich war seit fast zwei Jahren von Kanzler Heinrich Brüning gegen das Parlament nur mit Hilfe von diktatorischen Notstandsgesetzgebungen regiert worden. Im Juni 1932 übernahm Franz von Papen die Kanzlerschaft und ging kurz darauf einen Schritt weiter in Richtung Diktatur: Am 20. Juli entmachtete er die von der SPD geführte Regierung von Preußen, dem mit Abstand größten Land im Reich und dem bisherigen Bollwerk der Weimarer Demokratie. Nach dem verfassungswidrigen ‚Preußenschlag' übernahm Heller das Mandat in der Klage Preußens gegen die Reichsregierung vor dem Staatsgerichtshof in Leipzig. Sein prominentester Gegner auf der Seite des Reiches war Carl Schmitt. Heller machte sich einen Namen als scharfzüngiger Verteidiger der preußischen Regierung und der Weimarer Verfassung. Der Prozess endete mit einer Art politischen Kompromiss, den Heller in einem Zeitungsartikel im sozialdemokratischen *Vorwärts* als das Gegenteil eines salomonischen Urteils, nämlich eines, das „das strittige Kindlein fein säuberlich in zwei Hälften zerlegt",[4] kritisiert hat. Das Urteil konnte somit die etappenweise Machtübergabe der Regierungsgewalt an Hitler und seine konservativen Unterstützer nicht aufhalten. In den beiden Texten *Bürger und Bourgeois* (1932) und *Autoritärer Liberalismus* (1933) lässt sich Hellers verzweifeltes Ringen um die Verteidigung der Republik in ihren letzten Momenten nachlesen.

Heller warnte unermüdlich auf öffentlichen Veranstaltungen vor einer sich anbahnenden Regierungsbeteiligung der NSDAP. Als er während eines Aufenthalts an der London School of Economics im März 1933 erfuhr, dass andere in Deutschland verbliebene linke Juristen verfolgt, inhaftiert und gefoltert wurden, kehrte er nicht zurück. An Schmitt schrieb er, nachdem dieser von Hermann Göring zum Preußischen Staatsrat in Nazi-Deutschland ernannt worden war, in einer Postkarte die sarkastische Gratulation für diese „überaus wohlverdiente Ehrung" (zit. nach Mehring 2022, 328).

Heller nahm eine Einladung zu einer Gastprofessur an die Universität Madrid an, seine Familie folgte ihm. Das Spanien der zweiten Republik wurde zu diesem Zeitpunkt von einer Koalition aus linksrepublikanischen Parteien und der Sozialistischen Arbeiterpartei regiert. Im Exil arbeitete er intensiv an seiner Staatslehre. Nebenbei versuchte er gemeinsam mit Albert Einstein eine Flüchtlings-Universität für Deutsche in Europa aufzubauen. Die Pläne scheiterten jedoch und Einstein übersiedelte in die USA. Für sich selbst schloss Heller diesen Weg aus. Das Angebot einer Professur an der New School for Social Research in New York lehnte er ab, er wollte in Europa und damit in der Nähe Deutschlands bleiben. Er lernte Spanisch und lehrte ab Sommer an der Universidad Internacional in Santander, zugleich konnte er seine Staatslehre nahezu zum Abschluss bringen. Allerdings verschlimmerte sich das Herzleiden und sein Gesundheitszustand verschlechterte sich zusehends.

Während einer Gastvorlesung an der Universität Madrid erlitt Heller einen Zusammenbruch und verstarb nach einem weiteren Herzinfarkt am 5. November 1933. Das unvollendete *opus magnum*, das Buch *Staatslehre*, wurde 1934 posthum von seinem Schüler Gerhart Niemeyer im holländischen Exil in Leiden publiziert.

2. Sozialismus, Staat und Souveränität

Liest man die Texte, die Heller vor nunmehr fast 100 Jahren geschrieben hat, dann kann man leicht den Eindruck gewinnen, dass sie heutigen Leserinnen und Lesern nicht mehr viel zu sagen haben und bestenfalls von historischem Interesse sind. Dieser Eindruck gilt nicht nur für sein Konzept der „sozialen Homogenität“, sondern auch für seine Theorie der staatlichen Souveränität. Heller spricht sich zuweilen für einen „autoritären Staat“ aus und zeigt sich als Verfechter der Idee der Kulturnation. In aktuellen akademischen Debatten sind wir es gewohnt, solchen Konzepten und Begriffen mit Distanz, wenn nicht gar mit Ablehnung zu begegnen. An deren Stelle treten Vorstellungen von Postsouveränität, multilevel Governance, postnationalen Konstellationen und eine Fokusverschiebung hin zur Zivilgesellschaft.

1925 veröffentlichte Heller das Buch *Sozialismus und Nation*, das sechs Jahre später leicht revidiert erneut aufgelegt wurde. Heller beabsichtigte mit diesem Buch, in grundsätzlicher Weise in die Diskussion über den Kurs der Sozialdemokratie einzugreifen. Während unmittelbar nach der Revolution von 1918 und in den frühen 1920er Jahren innerhalb der SPD noch stärker reformistische Positionen vorgeherrscht hatten, zeichnete sich ab 1925 in Anlehnung an die österreichische Sozialdemokratie eine programmatische Rückkehr zum stärker marxistisch-revolutionären Geist des Erfurter Programms von 1891 ab. Dieser Rückkehr wollte Heller etwas entgegensetzen. Er weist die Vorstellung eines mehr oder weniger zwangsläufigen Übergangs zum Sozialismus, wie ihn der orthodoxe Marxismus vertrat, entschieden zurück. Für Heller ist der Sozialismus keine wissenschaftlich begründete Doktrin, sondern Ausdruck einer Willensentscheidung und insofern eine sittliche Idee. Diese Idee speist sich für ihn allerdings nicht aus dem Nichts eines bloßen Wollens, sondern sie ergibt sich aus der geistig-kulturellen Entwicklung der europäischen Moderne.

Diese Auffassung zeigt sich besonders in Hellers Bekenntnis zum Sozialismus am Beginn von *Sozialismus und Nation*: „Die letzte Begründung des wahren Wesens des Sozialismus liegt uns also in der Idee der gesellschaftlichen Gerechtigkeit, in dem Willen zu gegenseitiger Hilfe und gerechter Gemeinschaft, in der sittlichen Gestaltung unserer gegenseitigen Beziehungen." (S. 21) Dieses Ideal führt Heller auf Theorien von Karl Marx, Ferdinand Lassalle und nicht zuletzt Johann Gottlieb Fichte zurück. Wie er in *Die politischen Ideenkreise der Gegenwart* (1926) näher erläutert, betrachtet er Fichte als einen Denker, der drei Ideen auf sich vereinigte: die demokratische, die sozialistische und die nationale Idee. Und mit Fichte geht auch Heller davon aus, dass sich diese drei „Ideenkreise" wechselseitig ergänzen und stützen. Lediglich dem ebenfalls in der Schrift diskutierten monarchischen Ideenkreis steht er ablehnend gegenüber, da er das Gottesgnadentum für historisch überholt hält.

Ambivalenter äußert Heller sich zum fünften von ihm diskutierten Ideenkreis, dem Liberalismus. Auch ihn hält er in seiner Reinform für historisch überholt. Er sieht aber zugleich dessen rationalen Kern im Schutz des Individuums vor allzu überwältigenden Ansprüchen der Gesellschaft. Seine Kritik am liberalen Ideenkreis zielt auf die Gedankenwelt eines entpolitisierten Bürgertums, das sich mit einer bloß formalen Demokratie zufriedengibt und nicht einsehen will, dass zur Sicherung liberaler Rechte Herrschaft und Autorität erforderlich sind. Letztlich beruht auch eine liberale Ordnung auf einem politischen Willen und ist insofern dezisionistischen Ursprungs. Heller zufolge gibt es keine Sicherung der bürgerlichen Freiheit ohne eine Staatsgewalt.

Aus diesem Grund ist für ihn die Frage des Ursprungs dieser Staatsgewalt entscheidend, wobei immer auch die soziale Wirklichkeit zu berücksichtigen ist. Heller zufolge kann es keine Staatstheorie geben, die nicht die gesellschaftlichen Machtverhältnisse und deren historische Entwicklung im Blick hat. Heller sieht den Staat soziologisch als durch menschliche Handlungen begründet an. Der Staat ist kein allemal festes Gebilde, sondern bedarf als Handlungs- und Wirkungseinheit einer fortdauernden Aktualisierung durch das Handeln der ihn bildenden Menschen (vgl. Stammer 1951, 3–5).

In dem ersten in diesen Band aufgenommenen Beitrag, einem Kommentar über *Grundrechte und Grundpflichten* aus dem Jahre 1924, fasst Heller seinen staatstheoretischen Ansatz wie auch seine Überlegungen zu den Ideenkreisen knapp zusammen. Er wendet sich mit seinen Überlegungen vor allem gegen Hans Kelsen, dessen Rechtspositivismus und demokratietheoretische Überlegungen. Für Heller ist Kelsen der paradigmatische Vertreter einer von ihm als „demoliberal" (S. 115) titulierten Position. Diese begnüge sich mit einer rein politischen Demokratie, einer im Aufsatz *Demokratie und soziale Homogenität* so bezeichneten „Formalethik der Demokratie" (S. 54).[5]

Dem stellt Heller das Ideal einer „sozialen" bzw. „wirtschaftlichen Demokratie" entgegen. Anders als Max Adler, der die „soziale Demokratie" einer bloß „politischen Demokratie" entgegenstellte (vgl. Adler 1926), begreift Heller die soziale Demokratie als „folgerichtige Fortführung" (S. 16) der politischen Demokratie. Sie erst garantiert, dass die Angehörigen der Arbeiterklasse sich aus guten Gründen auf demokratische Verfahren, wozu nicht zuletzt die Parteien und der Parlamentarismus gehörten, einlassen können. Solange diese soziale Demokratie nicht existiere bzw. an deren Verwirklichung gearbeitet werde, bestehe keine „Möglichkeit eines *fair play*" (S. 50, Herv. i. O.) und die Arbeiterklasse hätte keinen überzeugenden Grund, die Spielregeln der parlamentarischen Demokratie anzuerkennen.

Heller war, wie oben erwähnt, während seiner ersten Zeit in Leipzig mit den Gedanken des Austromarxismus in Kontakt gekommen. Seine Rezeption des Austromarxismus fiel insgesamt unterschiedlich aus: Während er Otto Bauer in dessen Betonung der Rolle der Nation für den Sozialismus weitgehend folgte, kritisierte er Max Adler umso schärfer. Dieser wurde neben Kelsen und Carl Schmitt sogar zu einem seiner drei zentralen ideologiepolitischen Kontrahenten (vgl. Groh 2022). In *Sozialismus und Nation* setzte sich Heller insbesondere mit der 1922 erschienenen Schrift Adlers *Die Staatsauffassung des Marxismus* auseinander. Das Buch erlangte im linken Flügel der deutschen Sozialdemokratie Kultstatus. Zwar kritisierte Adler darin den historischen Materialismus und betonte mit Kant die Kraft ethischer Ideale, aber er unterstellte einen geradezu zwangsläufigen Übergang zum Sozialismus, der allerdings eine revolutionäre Politik und konsequente Ablehnung des Reformismus nötig mache (vgl. Buchstein 1992, 72–78). Adler steht in der Wahrnehmung Hellers prototypisch für einen orthodoxen Marxismus und dessen theoretisch erzeugte politische Passivität. Dieser Marxismus trägt die revolutionäre Rhetorik wie eine Monstranz vor sich her, motiviert jedoch nicht zum Handeln, sondern favorisiert ein passives Abwarten, bis die Zuspitzung der ökonomischen Krise den Weg in den Sozialismus begünstigt. Dass eine solche Krise tatsächlich einen Schritt in die richtige politische Richtung auslösen werde, bestreitet Heller entschieden.

Vor allem aber wendet er sich gegen die Vorstellung eines zukünftigen Absterbens des Staates. Er polemisiert gegen Adlers These, dass nach einer Übergangsphase der Diktatur des Proletariats die gesellschaftlichen Interessengegensätze überwunden seien und es deshalb keiner staatlichen Zwangsgewalt mehr bedürfe. Adler zufolge würden sogar die zwischenstaatlichen Interessengegensätze überwunden werden. Diese Vorstellung einer „staatslosen sozialistischen Menschheitsorganisation" (S. 37) verortet Heller in der religiösen Sphäre der „Wunder": „Nie und nimmer kann die letzte Sehnsucht unserer Seele durch Politik befriedet werden. Die endgültige Überwindung aller gesellschaftlichen Gegensätze, die Lösung der aufgezeigten Widersprüche ist nur möglich im Religiösen, wo die Lösung als Erlösung erlebt wird." (S. 42) Den Thesen Adlers stellt Heller eine „wirklichkeitswissenschaftliche" Staatsauffassung entgegen, die nicht danach trachtet, den Staat zu überwinden, sondern ihn grundlegend zu verändern: „Sozialismus ist nicht

Aufhebung, sondern Veredelung des Staates. Der Arbeiter kommt dem Sozialismus um so näher, je näher er dem Staat kommt." (S. 42)

Die aktuellen Diskussionen über die Europäische Union, den Supranationalismus sowie die Möglichkeiten und Grenzen globalen Regierens lassen auch einen weiteren zentralen Baustein der Hellerschen politischen Theorie, nämlich den der Souveränität, auf den ersten Blick antiquiert erscheinen. Heller macht in seinem Buch *Die Souveränität* von 1927 deutlich, dass er aus demokratietheoretischen Gründen darauf besteht, den Staat als „auf einem Gebiet universale, deshalb notwendig einzigartige und souveräne Entscheidungseinheit" (Heller 1927a, 110) zu bestimmen. Im Unterschied zu Carl Schmitts Theorieansatz konzipiert Heller die Souveränität jedoch nicht vom Ausnahmezustand, sondern von der staatlichen Normalität her: „Souverän ist also, wer über den Normalzustand durch die geschriebene oder ungeschriebene Verfassung entschieden hat und dadurch, daß er sie willentlich in Geltung erhält, dauernd weiter entscheidet." (Heller 1927a, 104) Diese Bindung an die Verfassung soll der Schmittschen Vorstellung einer „enthemmten Souveränität im Grenzfall Paroli bieten" (Schluchter 1968, 195). Auch hier wird deutlich, dass Heller den Staat als das unabdingbare Vehikel der Gestaltung der Gesellschaft versteht. Nur durch den Staat hat eine Gesellschaft überhaupt die Möglichkeit einer bewussten Einwirkung auf sich selbst. Dies gilt auch und gerade in wirtschaftlicher Hinsicht bei der Stabilisierung krisenhafter Märkte, dem Ausbau des Wohlfahrtstaates und erst recht für das politische Projekt einer Transformation zu einer sozialistischen Gesellschaft und deren Aufrechterhaltung bzw. Fortentwicklung.

Folgerichtig betont Heller, dass auch „in der Demokratie ein ‚Herr', eine wirksame Entscheidungseinheit vorhanden sein muß" (Heller 1927a, 40). Das heißt, dass selbstverständlich in einem demokratischen oder einem sozialistischen Staat Herrschaft ausgeübt wird. Legitim ist Herrschaft allerdings nur, wenn sie auf demokratischem Wege zustande kommt. Und das bedeutet für Heller zum einen, dass rechtsstaatliche Verfahren beachtet werden müssen, um staatliche Entscheidungsgewalt auf legalem Wege zu programmieren. In der modernen Massendemokratie kann das nur die Anerkennung des Parlamentarismus und der politischen Parteien bedeuten. Letztere spielen eine entscheidende Rolle bei der Bündelung der gesellschaftlichen Interessen. Zum anderen – und Heller betont dies nachdrücklich – müssen alle Verfahren der demokratischen Programmierung der Staatsgewalt auf gesellschaftlichen Voraussetzungen beruhen, die eine Vollendung der Demokratie auch im sozialen Bereich ermöglichen. Heller verwendet dafür ab 1928 die Ausdrücke „soziale Homogenität" und „soziale Demokratie".

Im Essay *Genie und Funktionär in der Politik* von 1930 erläutert Heller die Konsequenzen eines solchen Staatsverständnisses für die Rolle von politisch Handelnden. Er unterscheidet zwischen zwei sich derzeit bekämpfenden Idealen des Regierens, dem Regieren „als geniales Improvisieren" (S. 98) auf der einen und dem „massenautomatischen Funktionieren" (S. 101) auf der anderen Seite. Heller kritisiert am massenautomatischen Ideal, dass es das Regieren lediglich als eine möglichst zu überwindende technische Notwendigkeit anerkennt. Er leugnet, dass dem Regieren eine „selbständige, eigenwertige politische Bedeutung" (S. 101) zukommt. Den Kult der politischen Geniereligion sieht Heller prototypisch in den Theorien des Faschismus zelebriert. Ihr Staatsideal ist eine Diktatur, die „notwendig Gewaltreligion" (S. 102) sein wird, da kein politischer Führer völlig abgehoben von den gesellschaftlichen Kräften agieren kann. Schmitt persiflierend tituliert Heller die Entscheidungen des politischen Führers als einen „diktatorische[n] Formelkompromiß" (S. 107).

Demgegenüber plädiert Heller für eine Art Synthese: Demokratisch gewählte Repräsentanten müssen eine gewisse Ermessensfreiheit für ihre politischen Entscheidungen beanspruchen und sich für diese entsprechend verantworten. Insofern ist er Anhänger einer Theorie der Autonomie der Politik. Für eine Demokratie ist es indes unabdingbar, dass die unterschiedlichen gesellschaftlichen Interessen fair miteinander vermittelt werden. Politiker benötigen daher – die Anklänge an Max Webers *Poli-*

tik als Beruf sind hier unüberhörbar – „den Mut zur Entscheidung und Verantwortung“ (S. 104). Von verfassungsrechtlichen Maßnahmen zur Stärkung der Regierungsgewalt hält Heller dagegen nichts. Seines Erachtens hatten Reichsregierung und Reichspräsident bereits genügend Befugnisse für Initiative und Vermittlungstätigkeit im Staatswesen. Allerdings nutzen sie diese nicht, sondern schlagen sich einseitig auf die Seite der Interessen von Großindustrie und ostelbischen Junkern. Falsch ist im Deutschen Reich nicht das parlamentarische System per se, sondern dessen mangelhafte Anwendung. Neben der außenpolitischen Zwangslage und den innenpolitischen Spannungen ist es vor allem das „politisch unerzogene deutsche Denken“ (S. 109), das einer demokratisch verantwortlichen Politik jenseits von Geniekult und Massenautomatismus im Wege steht.

In der Endphase der Weimarer Republik verschärfte Heller seinen Ton noch einmal. Gegen die Diktatur der vom Reichspräsidenten erlassenen Notverordnungen plädierte er für einen demokratischen Autoritarismus. 1931 spricht er sich in dem hier abgedruckten Aufsatz *Ziele und Grenzen einer deutschen Verfassungsreform*, der erstmals in den *Neuen Blättern für den Sozialismus* erschien, sogar für einen „autoritären Staat“ (S. 111) aus, den er „aus sozialistischen, wie aus nationalpolitischen Gründen“ (S. 111) für erforderlich hält. Nun darf die scharfe Rede von einem „autoritären Staat“ nicht so gedeutet werden, dass es ihm auf einem Mal um einen totalen Staat mit dem Ziel ginge, die „‚allseitige Integration‘ des Individuums durch den Staat“ (S. 114) zu bewerkstelligen. Im Gegenteil: Heller klagt vehement die Aufrechterhaltung von Grundrechten und Gewaltenteilung zum Schutz des Individuums ein. Autoritär soll der Staat jedoch insofern sein, als er über die erforderlichen Instrumente verfügen können soll, sich gegen die Vetogruppen aus Industrie und Großgrundbesitz durchzusetzen. Anders also als später in der Kritischen Theorie Frankfurter Provenienz, die den Begriff des autoritären Staates für den Faschismus reservierte (vgl. Neumann 1937, Horkheimer 1942), ist Hellers Theorie des autoritären Staates ein Plädoyer für einen Staat, der auch gegen erhebliche Widerstände in der Lage ist, im Interesse der Arbeiterschaft „die Arbeits- und Güterordnung der materiellen Rechtsstaatsorganisation zu unterwerfen“ (S. 115).

3. Rassistische Abstammungsnation versus soziale Kulturnation

Wie bei der Frage nach dem Staat hatte sich Heller auch beim Thema Nation Max Adler als Kontrahenten ausgesucht. Mit Fichte, Lassalle und insbesondere Bauer fordert er nicht die Überwindung alles Nationalen, sondern die gleichberechtigte Einbeziehung der Arbeiterschaft in die „nationale Kulturgemeinschaft“ (Heller 1925a, 537). Wie auch Otto Bauer zeigt Heller sich davon überzeugt, dass die Nation eine Art „Schicksalsgemeinschaft“ darstelle, die auch für die Arbeiterbewegung unhintergehbar sei. Auf dem Treffen der Jungsozialisten in Jena wandte Adler wiederum in direkter Konfrontation mit Heller ein, dass die Nation „immer nur eine Kulturgemeinschaft der herrschenden Klassen war“ (Adler 1925, 551) und dass das Proletariat durch die Hinwendung zur Nation wie zum Staate „seinen sozialistischen Zielen untreu“ (ebd.) werde. Auch wirft er Heller eine klischeehaft generalisierende Redeweise „von ‚den‘ Franzosen oder ‚den Engländern‘ oder ‚den‘ Deutschen“ (ebd.) vor.

Doch bei aller berechtigten Kritik an solchen Redeweisen muss Heller vor drei Missverständnissen geschützt werden. Denn erstens distanziert er sich in *Sozialismus und Nation* vehement von der Idee, die Nation beruhe auf einer „ursprüngliche[n] Abstammungsgemeinschaft“ (Heller 1925b, 21). Glänzend kritisiert er die „völkische Rassentheorie“ als „materialistischen Unsinn“ (Heller 1925b, 22). Darüber hinaus mokiert er sich in dem Essay *Bürger und Bourgeois* über die Verwandlung des politischen Denkens „zum Gestütsproblem“ (S. 122) in rassistischen Theorien. In seiner *Staatslehre* polemisiert er dann gegen völkische und rassistische Thesen und bezeichnet sie als „Rassenwahn“ (Heller 1934, 156), als „modernen Aberglauben“ (Heller 1934, 75) oder „willkürliches Phantasieprodukt“ (Heller 1934, 155). Heller sieht in der „Rassenlehre“ eine der „wirksamsten Verhüllungsideologien", die innenpolitisch zur „Legitimierung der gegenwärtigen Klassenherrschaft verwandt" (Heller 1934, 156) werde.

Zweitens spricht Heller an keiner Stelle seines Werkes von irgendeiner vermeintlichen Höherwertigkeit der deutschen Nation. Im Gegenteil: Er sieht das politische Denken in Deutschland als längst noch nicht so hoch entwickelt an wie in anderen modernen Staatswesen. Auch hält er nichts davon, wegen „Goethes Geist" (Heller 1934, 156) oder anderen kulturellen und wissenschaftlichen Leistungen aus Deutschland Schlussfolgerungen für Höherwertigkeiten zu ziehen.

Drittens redet Heller in *Sozialismus und Nation* keinem Gegeneinander, sondern einem friedlichen Miteinander der Nationen in Europa das Wort. So postuliert er gegen die rechten Kritiker des Völkerbundes gerichtet: „Wir deutschen Sozialisten haben das stärkste Interesse daran, die nationale Selbstbestimmung des deutschen Volkes innerhalb einer europäischen Völkerorganisation gesichert zu sehen." (Heller 1925b, 101) Noch deutlicher formuliert er diesen Gedanken 1927 in *Die Souveränität* als Kritik an der Einzelstaatlichkeit: „Demgegenüber läßt sich sehr wohl die Frage aufwerfen, ob der Kulturindividualismus der europäischen Nationen heute nicht gerade durch ihren politischen Individualismus in seiner Existenz bedroht ist und allein gerettet werden kann durch einen souveränen europäischen Bundesstaat." (Heller 1927a, 176) In diesem Sinne erweitert er den auf einen Einzelstaat bezogenen Gedanken der Nation auf die europäische Staatengemeinschaft: „Schließlich erscheint es nach dem Weltkrieg allgemein als höchst fragwürdig, ob bei der überaus engen gesellschaftlichen Verflechtung der europäischen Staaten der Nationalgedanke allein noch fähig ist, die Besonderung und den Kampf dieser Staaten zu legitimieren, ob nicht vielmehr die Nationalidee ergänzt werden muß durch ein umfassenderes Substrat *Europa*, in dessen Namen allein noch die gegenwärtige Staatskrise überwunden werden könnte." (Heller 1925b, 113, Herv. i. O.)

Heller stellt sich die europäische Perspektive als eine Art dritten Weg zwischen dem Bolschewismus in der Sowjetunion und dem ungebremsten Kapitalismus in den USA vor, wobei er freilich offenlässt, wie er sich das konkrete Zusammenspiel und die Verteilung der Kompetenzen zwischen den einzelnen Nationen und einem „souveränen europäischen Bundesstaat" vorstellt. Zwar ist die Europadiskussion heute erheblich vorangeschritten, der Traum von einem europäischen Bundesstaat hat sich gleichwohl im Mehrebenensystem der Europäischen Union bis heute nicht erfüllt. Aus der Perspektive Hellers kann man dafür zum einen das starke Fortwirken nationaler Kulturräume verantwortlich machen, die sich eben nicht administrativ überwinden lassen. Zum anderen muss aber auch auf die weitgehend ungebremste Vorherrschaft kapitalistischer Imperative verwiesen werden, die entgegen der Hellerschen Hoffnungen in den Verträgen der Europäischen Union zementiert worden sind.[6]

4. Soziale Homogenität und sozialer Rechtsstaat

In der politischen Ideengeschichte des 20. Jahrhunderts steht Heller für die Theorie des „sozialen Rechtsstaats" (vgl. Schluchter 1968). Er entwickelte seine „materielle Rechtsstaatsidee" (S. 64) unter Bezugnahme auf die frühe Rechtsstaatstheorie Robert von Mohls, für den die Gleichheit vor dem Gesetz auch das Gerechtigkeitsideal der „Berücksichtigung der Lebenszwecke Aller" beinhaltete (vgl. Heller 1927b, 224). Heller verwendet die Begriffe „sozialer Rechtsstaat" und „Sozialismus" für die gleiche Zielsetzung (vgl. Blau 1980, 185 und Henkel 2011, 151).

Es gibt wohl kaum ein Konzept in Hellers Werk, das heutzutage für mehr Irritation sorgt als das der „sozialen Homogenität". Im zweiten Jahrzehnt des 21. Jahrhunderts ist es vielmehr die Idee der Diversität, der Pluralität und Differenz von Lebensweisen und Weltanschauungen, der das Wort geredet wird. Bisweilen kann man sich des Eindrucks nicht entziehen, dass es sich bei dem ständigen Verweis auf Vielfalt um eine neue Form der Staatsideologie handelt. Ganz aktuell zeigt sich die nachträgliche Einordnung des Arbeiteraufstands in der DDR vom 17. Juni 1953 durch den Bundespräsidenten zum 70. Jahrestag: Die Arbeiter, die gegen die Erhöhung der Arbeitsnormen rebellierten, kämpften damals für „Freiheit und Vielfalt“[7]. Das Loblied auf Diversität prägt zunehmend auch die aktuellen demokratietheoretischen Debatten.

Angesichts einer derartigen Diversitätsemphase besteht leicht die Gefahr, Hellers Konzept der sozialen Homogenität vorschnell mit völkischen Ansätzen seiner Zeit gleichzusetzen. Heller widerspricht jedoch klar Vorstellungen einer „identitären“ Gemeinschaft im Sinne Carl Schmitts und betont, dass die Weimarer Verfassung nicht von einem homogenen, sondern von einem heterogenen Volk ausgeht, das erst politisch integriert werden muss. Geradezu mantrahaft wiederholt er, dass jede Nation „in jeder Generation von neuem gelockert, von neuem gemischt und von neuem gefestigt“ (1925b, 22) wird bzw. werden muss. Da ethnische Homogenität kein mögliches und auch kein anzustrebendes Ziel sein kann, wirft Heller ein Problem auf, das heute noch von Bedeutung ist: Auf welche Art von Gemeinsamkeit kann eine heterogene und demokratische Gesellschaft zurückgreifen, um staatliches politisches Handeln möglich zu machen?

Dass es gewisser Gemeinsamkeiten bedarf, steht für Heller außer Frage. Dies gilt ihm zufolge umso mehr, je mehr es sich um ein politisches Gemeinwesen handelt, das auf der gleichberechtigten politischen Teilhabe seiner Bürgerinnen und Bürger basiert. Warum soll man sich einer politischen Entscheidung beugen? Doch wohl nur dann, wenn die Entscheidung auf eine faire Weise zustande gekommen ist. Das wiederum impliziert, dass alle an dem Zustandekommen dieser Entscheidung Beteiligten über wenigstens so viel Gemeinsamkeit verfügen, dass sie sich in gleichem Maße an die politischen Spielregeln halten. In den politischen Theorien der zweiten Hälfte des 20. Jahrhunderts wird diese aus funktionalen Gründen nötige Gemeinsamkeit unter anderem als „nicht-kontroverser Sektor“ (Fraenkel 1969, 339), als „übergreifender Konsens“ (Rawls 1992, 286), als ein in eine gemeinsame politische Kultur eingebetteter „Verfassungspatriotismus“ (Habermas 1993, 179) oder als „ethico-political consensus“ (Mouffe 2000, 103) bezeichnet.

Heller gehört zu den ersten Autoren des 20. Jahrhunderts, die den Pluralismus der modernen Gesellschaft aus vollem Herzen bejahten, sich jedoch nicht davor scheuten, die daraus entstehenden Folgeprobleme offensiv anzusprechen. In seiner posthum erschienenen *Staatslehre* leitet er die Notwendigkeit „einer das positive Recht setzenden und es gegen Widerstrebende durchsetzenden Staatsgewalt" aus der Tatsache ab, dass es „eine absolut homogene Rechtsgemeinschaft" in der „klassengespaltenen", aber eben auch in einer „wirtschaftssolidaren Gesellschaft", sprich sozialistischen Gesellschaft, „nicht geben kann" (Heller 1934, 243). Die Wirklichkeit der Gesellschaft zeige „in aller Regel keine Einheit, sondern einen Pluralismus von politischen Willensrichtungen" (Heller 1934, 163), die immer wieder neu miteinander vermittelt, ausgeglichen und staatlich integriert werden müssen. Damit dies gelingt, bedarf es einer „relative[n] Homogenität" (Heller 1934, 230) sowohl als Voraussetzung wie auch als Ergebnis staatlichen Handelns. In Hellers Schriften findet sich immer wieder die Formel, Aufgabe des Staates sei „Einheit in der Vielheit" (Heller 1934, 229; S. 45 und öfter) zu erzeugen. In dem hier abgedruckten programmatischen Text *Politische Demokratie und soziale Homogenität* begründet er entsprechend, warum eine „demokratische Einheitsbildung" ohne einen „gewissen Grad von sozialer Homogenität" (S. 51 und öfter) schlichtweg nicht möglich ist.

Zunächst wird soziale Homogenität von Heller negativ bestimmt, sie könne „niemals Aufhebung der notwendig antagonistischen Gesellschaftsstruktur bedeuten" (S. 51). In jeder Gesellschaft, auch in jeder zukünftigen sozialistischen, wird es immer einen Pluralismus miteinander konkurrierender Interessen geben. Heller macht damit deutlich, dass sein Konzept der sozialen Homogenität keinen totalitären Zugriff zulässt. Es wäre insofern verfehlt, Homogenität als das Gegenteil von Heterogenität zu verstehen (vgl. Künkler & Stein 2017, 586).

Wenn der Begriff der sozialen Homogenität auch „nicht frei von einer gewissen Unschärfe ist" (Bauer 1968, 413), so gibt es doch eine Reihe positiver Formulierungen, die aufzeigen, was Heller mit dieser Formel verbindet. Sie ist ein „sozial-psychologischer Zustand" (S. 52), es handelt sich um ein „Wirbewußtsein und -gefühl" (S. 52), um eine „relative Angeglichenheit des gesellschaftlichen Bewußtseins" (S. 52). Gespeist wird es aus einer gemeinsamen Sprache, einer gemeinsamen Kultur und einer gemeinsamen politischen Geschichte und deren Erinnerungskultur. Es handelt sich bei der sozialen Homogenität also um eine kollektive Identität, die sich in einer sowohl kognitiven als auch emotionalen Verbundenheit mit dem politischen Gemeinwesen ausdrückt. Fehlt es in großen Teilen der Bevölkerung an einem solchen Wirbewusstsein, dann werden politische Entscheidungen nicht mehr als legitim anerkannt und die Gesellschaft bewegt sich in Richtung Bürgerkrieg.

Anders als Schmitt, der einen solchen Zerfall in seinen Schriften geradezu beschwor, interessiert sich Heller in Anlehnung an die Integrationslehre von Rudolf Smend für die Bedingungen der freiheitlichen Erzeugung eines solchen Wirbewusstseins. Der moderne demokratische Staat, so Heller, ist dem Fehlen oder Zerfall des Wirbewusstseins keineswegs hilflos ausgeliefert. Es gibt eine Reihe an staatlichen Maßnahmen, es zu stärken. Die dafür aus seiner Sicht zentralen Politikfelder sind zunächst die Bildungs- und die Kulturpolitik. Ausdrücklich sieht er in der *Staatslehre* keine Probleme einer Öffnung der Gesellschaft, um ihrerseits „Fremdes [zu] assimilieren" (Heller 1934, 259).

Mit Blick auf Deutschland hält er allerdings nicht die kulturellen und bildungspolitischen Aktivitäten für entscheidend, sondern die Richtung der Sozial- und Wirtschaftspolitik. Für die Weimarer Republik konstatiert er, dass „eine grundsätzliche Veränderung des ökonomischen Seins" (S. 53 f.) erforderlich sei, weil ansonsten die politische Einheitsbildung auf demokratischem Wege von rechts wie von links für unmöglich angesehen werde. Momentan verzweifele das Proletariat angesichts der ökonomischen Disparitäten. Um „Einheit in der Vielheit" erreichen zu können, bedarf es daher grundlegender Reformen. In der damaligen gesellschaftlichen Konstellation verstand Heller darunter die Aufhebung der einseitigen Klassenherrschaft der Bourgeoisie.

Mit anderen Worten: Ohne soziale Demokratie ist keine soziale Homogenität zu haben und ohne soziale Homogenität keine stabile politische Demokratie. Heller verfocht das Konzept eines „realistischen Sozialismus“ (Henkel 2011, 454), der nicht vor weitreichenden Eingriffen in die Wirtschaft zurückschreckt. Bereits in *Grundrechte und Grundpflichten* spricht er sich dafür aus, eine „gerechte Ordnung des Wirtschaftslebens“ zu schaffen und zu diesem Zweck „das Privateigentum möglichst weitgehend“ (S. 16) zu beschränken. In *Die politischen Ideenkreise* plädiert er für eine „Verstaatlichung und Verstadtlichung“ (Heller 1926, 144) der Produktionsmittel. In *Sozialismus und Nation* fordert er die Wiedergewinnung der staatlichen Souveränität über die Wirtschaft sowie eine genossenschaftliche Selbstverwaltung der großen Wirtschaftsbetriebe. In *Ziele und Grenzen einer deutschen Verfassungsreform* fordert er ein Außenhandelsmonopol des Staates und „die Sozialisierung der großen Unternehmungen in Landwirtschaft, Bergbau, Industrie und Bankwesen“ (S. 115).

Heller ging von einer großen Anpassungsfähigkeit des Kapitalismus und seiner Fähigkeit aus, sozialistische Elemente in das System zu integrieren. Aus diesem Grund bezeichnet er es mit Otto Bauer als unmöglich, eine genaue Grenze zu markieren, an der „der kapitalistische Staat aufhört und der sozialistische beginnt“ (Heller 1926, 146). Es ist demnach verkürzt, Heller lediglich als einen Sozialdemokraten, der seinen Frieden mit der kapitalistischen Wirtschaftsordnung gemacht habe, oder ihn gar als den geistigen Vater des Bad Godesberger Programms der SPD anzusehen.[8]

5. Verteidigung des demokratischen Rechtsstaates gegen den autoritären Liberalismus

Schon in den Monaten vor dem Scheitern des zweiten Kabinetts des sozialdemokratischen Reichskanzlers Hermann Müller Ende März 1930 und der anschließenden mit Notverordnungen regierenden Präsidialkabinette hatte sich im Angesicht der Weltwirtschaftskrise das Ende einer kurzen stabilen Phase der Weimarer Republik abgezeichnet. Und auch wenn die NSDAP an den Wahlurnen noch keine großen Erfolge erzielen konnte, beobachtete Heller die politische Entwicklung mit großer Sorge. In seinem 1929 erschienenen Buch *Europa und der Fascismus* will er der Illusion entgegentreten, dass der Faschismus die aktuelle Krise im Sinne der Arbeiterklasse lösen könne. Hinter dem viel beschworenen italienischen „Korporatismus" verberge sich vielmehr „eine dauernde diktatorische Unterdrückung der Arbeitnehmerschaft" (Heller 1931, 158). Ideologisch fuße der Faschismus auf dem Irrationalismus; er berge die „ungeheure Gefahr [...], daß er die neue Generation mit voreiligen, unzulänglichen und ungeglaubten Antworten beruhigt" (Heller 1931, 153). Eine geistige Nähe zum Faschismus attestiert er frühzeitig Carl Schmitt, der „der liberalen Demokratie zu Leibe geht, den Parlamentarismus geistesgeschichtlich für tot und die fascistische Diktatur für Demokratie erklärt" (Heller 1931, 32).

Heller blieb seiner Linie treu, dass der beste Schutz für die bestehende Demokratie der Weimarer Republik im Klassenkompromiss zwischen Bürgertum und Arbeiterklasse besteht. Spätestens ab 1929 diagnostizierte er jedoch eine abnehmende Bereitschaft des Bürgertums, den Kompromiss zu bewahren. Statt die oben beschriebene „soziale Homogenität" zu stärken, steigert sich die Diffamierungskampagne der bürgerlichen Parteien gegen die Idee des paritätischen Kompromisses, der nun als marxistisch denunziert wird. Immer größere Teile des Bürgertums suchen nach diktatorischen Lösungen, um die eigenen Klasseninteressen zu wahren. Vor diesem Hintergrund lassen sich vier Kernelemente in Hellers Verteidigung der Demokratie ausmachen: Erstens eine unbedingte Bejahung der Weimarer Reichsverfassung; zweitens der Ausbau des Wohlfahrtstaates bis hin zu einer sozialistischen Weiterentwicklung der Wirtschaftsordnung; drittens die kritische Auseinandersetzung mit dem politischen Verhalten des Bürgertums, das die demokratische Freiheit zugunsten einer vermeintlich ökonomischen Sekurität zu opfern bereit ist; viertens der Aufruf zu einer militanten Demokratie, um den demokratischen Staat gegen Verfassungsfeinde zu verteidigen.

Ende 1929 publizierte Heller in der im S. Fischer Verlag erscheinenden Publikumszeitschrift *Die Neue Rundschau* den Text *Rechtsstaat oder Diktatur?* Der Aufsatz beginnt mit einer rigorosen Zurückweisung einer bolschewistischen Alternative auf Seiten der Linken. Ausführlicher widmet Heller sich jedoch dem Kampf gegen rechts, weil er hier die größere Gefahr für die Republik sieht. Er wirft Teilen des Bürgertums vor, in einen „irrationalistischen Neo-Feudalismus" (S. 66), also in den Faschismus, abzugleiten. Heller beschreibt das Sekuritätsinteresse des Bürgertums, das es in den Anfangsjahren der Republik durch eine politische Monopolisierung der Rechtsprechung, nun aber zunehmend durch die Flucht in den Irrationalismus der faschistischen Ideologie zu verteidigen versucht. Ihm zufolge verrät das Bürgertum damit „sein eigenes geistiges Sein" (S. 66), also das Bekenntnis zu Freiheit und Demokratie, indem es diese demokratischen Errungenschaften der Arbeiterklasse vorenthalten will. Angesichts der „Gefahr des sozialen Rechtsstaates" (S. 65) für die eigenen Klassenprivilegien werfe sich das Bürgertum der faschistischen Diktatur in die Arme.

Heller stellt diese Diagnose vor dem Hintergrund seiner Studie zum italienischen Faschismus und sieht bereits 1929 parallele Tendenzen in Deutschland. Seine Analyse weist Ähnlichkeiten mit der Schrift von Karl Marx über den *18. Brumaire des Louis Bonaparte* (1852) auf, in der Marx die Machtergreifung von Louis Bonaparte im Jahr 1851 und dessen cäsaristische Diktatur gleichfalls als Verrat des Bürgertums an seinen eigenen Prinzipen beschrieben hatte. *Rechtsstaat oder Diktatur?* ist ein dringlicher Appell Hellers an das Bürgertum, sich seiner eigenen Wurzeln wieder bewusst zu werden und den Mut zu haben, den Schritt von der politischen Demokratie zur sozialen Demokratie, also die „Ausdehnung des materiellen Rechtsstaatsgedankens auf die Arbeits- und Güterordnung" (S. 66) mit zu vollziehen. Nur dann könne der sich abzeichnende Vormarsch des Faschismus in Deutschland verhindert werden.

In einer Festrede anlässlich des 10-jährigen Jubiläums der 1919 in Kraft getretenen Weimarer Verfassung vor dem Deutschen Studentenverband treten die kämpferischen Motive klar hervor. Sie trägt den Titel *Freiheit und Form der Reichsverfassung* und wurde erstmals in der Zeitschrift *Die Justiz* des Republikanischen Richterbundes veröffentlicht. Hellers Ausführungen kulminieren am Ende der Rede im Aufruf, die Verfassung, „wenn es sein muß mit der Waffe in der Hand!“ (S. 87), zu verteidigen. Der Aufruf war keine billige pathetische Rhetorik, sondern hatte die Ereignisse des Kapp-Putsches 1920 klar vor Augen. Es war der von den Gewerkschaften ausgerufene Generalstreik sowie der Widerstand von großen Teilen der Beamtenschaft und der Ministerialbürokratie gewesen, die den Putsch nach wenigen Tagen hatten zusammenbrechen lassen. Unter den Streikenden waren viele Beamte, zu denen in entscheidender Weise die 70.000 in der Gewerkschaft der Lokomotivführer (der heute noch bestehenden GDL) organisierten Eisenbahnbeamte als Retter der Republik beitrugen (vgl. Llanque 2022, 125). Heller wusste aufgrund seiner Beteiligung an der Niederschlagung des Putsches aus eigener Erfahrung, wovon er sprach, wenn er neun Jahre später zur militanten Verteidigung der Republik aufrief. Was er nicht wissen konnte, war, dass die Republik drei Jahre später nicht à la Mussolini per Putsch zerstört werden würde, sondern unter kräftiger Unterstützung konservativer Parteien in einer Koalitionsregierung.

Im September 1930 hielt Hermann Heller einen Vortrag unter dem Titel *Der Beamte im sozialen Volksstaat.* Es gab zu diesem Zeitpunkt mehrere, teilweise miteinander konkurrierende Beamtengewerkschaften. Die mit Abstand größte Organisation war der 1918 gegründete Deutsche Beamtenbund DBB, der sich politisch an den konservativen und völkischen Parteien orientierte. 1922 wurde als republikfreundliche Gegengründung der Allgemeine Deutsche Beamtenbund ADB ins Leben gerufen, auf dessen Reichskonferenz Heller 1930 seinen Vortrag hielt. Er nahm darin noch einmal zum Thema Berufsbeamtentum und dessen Rolle im demokratischen Staat Stellung, denn mit dem Wandel der Staatsform durch die Revolution von 1918 habe sich auch Stellung und Aufgabe der Beamtenschaft grundlegend gewandelt. Während Beamte in der Monarchie ein „volksfremder, künstlich isolierter Stand" (S. 90) gewesen seien, biete der soziale Rechtsstaat die Möglichkeit ihrer gesellschaftlichen und politischen Integration. Entsprechend setzt sich Heller dafür ein, dass Beamte zwar auf das passive Wahlrecht verzichten, sich aber desto engagierter in den öffentlichen politischen Diskussionen einbringen.

Heller verteidigt das Berufsbeamtentum gegen seine radikalen Kritiker, mahnt aber zugleich an, der Beamtenschaft nur hoheitliche Aufgaben zu übertragen. Mehr noch als auf der politischen Linken fänden sich die „stärksten Gegner" (S. 94) der Beamtenschaft in Kreisen der Wirtschaft, „in deren kapitalistisches System das Beamtentum nicht recht passen will" (S. 94). Überhaupt sei das eigentliche gegenwärtige Problem die „elend" (S. 95) schlechte Bezahlung der meisten Beamten. Im sozialen Abstieg der Beamtenschaft sieht er einen der zentralen Gründe, warum die Hitler-Partei überproportional viele Wahlstimmen aus ihren Kreisen erhält.

Heller zufolge hat der soziale Rechtsstaat ein eminentes Interesse an einer angemessen guten Bezahlung seiner Beamten. Denn nur dann ist zu erwarten, dass die Beamten „ihre Ehre und ihren Stolz" (S. 91) daransetzen, dem Staat loyal zu dienen und sie „in der kapitalistischen Wirtschaft nicht von den finanzkräftigen Kreisen missbraucht und korrumpiert" (S. 91) werden. Marcus Llanque hat Hellers Verständnis der Rolle der Beamtenschaft treffend als „republikanisch" (Lanque 2022, 140) bezeichnet und meint damit die Orientierung an die durch eine Ämterordnung institutionell geordnete kollektive Handlungsfähigkeit in einer politisch gleichrangigen Bürgerschaft. Dieses Ideal hielt Heller hoch und darauf gründete seine Hoffnung, dass die Weimarer Beamtenschaft sich in eine Richtung entwickeln könnte, in der sie sich zum sozialen Rechtsstaat loyal verhält und die Verfassungsordnung gegen ihre Gegner mit allen zu Gebote stehenden Mitteln verteidigt. Auch wenn Hellers Forderungen und Hoffnungen zu diesem Zeitpunkt bereits fern der Realität lagen (vgl. Abendroth 1984, 220), so postulierte er ein Ideal, das angesichts des vermehrten Aufkommens rechtsextremer Kräfte im Öffentlichen Dienst der Bundesrepublik aktuell von neuer Bedeutung ist.

Den im Juni 1932 in S. Fischers *Die Neue Rundschau* veröffentlichten Aufsatz *Bürger und Bourgeois* leitet Heller mit der Beobachtung ein, dass Bolschewisten wie Faschisten in „apokalyptischen Visionen“ das Ende des Reiches und den „Tod aller bourgeoisen Lebensformen“ (S. 117) für besiegelt halten. Statt dem Bürgertum aus sozialdemokratischer Perspektive nun ebenfalls den Totenschein auszustellen, wählt Heller eine andere Strategie im Umgang mit dem von ihm nicht bestrittenen Niedergang des traditionellen Besitzbürgertums. Er unterscheidet zu diesem Zweck zwischen der Kategorie des Bürgers, der ein politisches Verhältnis zum Staat hat, und der des Bourgeois als dem „durch seine gesellschaftlich-politische Sekurität in jeder Hinsicht saturierte[n] Bürger“ (S. 119). Die wirtschaftliche Krise sowie das Drängen der Arbeiterschaft nach einem Ausbau der Wohlfahrtsstaatlichkeit und vollen politischen Rechten nimmt der Bourgeois als Bedrohung seines privaten Besitzstandes und seiner ökonomischen Klassenprivilegien wahr. Aus dieser Bedrohung flüchtet er erleichtert in die Rassenlehre des deutschen Faschismus, denn sie verheißt ihm angeblich naturwissenschaftliche Gewissensberuhigung in seinem Überlegenheitsgefühl gegenüber den Angehörigen der unteren gesellschaftlichen Schichten.

Mindestens ebenso heftig geht Heller mit den Fundamentalkritikern von links in der Figur des „journalistische[n] Literaten“ (S. 129) um. Auch er missachtet die traditionellen bürgerlichen Normen, ist im tiefsten Herzen ein „Anarchist und auch das nur aus Schlamperei und Eitelkeit“ (S. 130). Für Heller verläuft eine gerade Linie vom liberalen Literaten und dessen Verachtung des Bürgertums im Namen der individuellen Freiheit über den linksradikalen anarchistischen bis hin zum faschistischen Literaten und dessen heroisierender Gewaltethik. Bei der Lektüre dieses Textes spürt man in fast jeder Zeile Verzweiflung und Abscheu, die Heller angesichts des Vordringens irrationalistischer Denkfiguren und Phrasen sowohl auf Seiten der Nazis als auch auf

Seiten der Kommunisten empfunden hat. Letzteren hält er eine „kulturzerstörende Revolutionsromantik" (S. 133) vor; sie würden völlig verkennen, dass „der sozialistische Proletarier die bürgerliche Sekurität nicht nur nicht verachtet, sondern für sich selbst erstrebt und erstreben muß" (S. 131).

Gegen alle Todesprophezeihungen verteidigt Heller die bürgerliche Existenzform. Sie gewähre eine äußere Sicherheit, man dürfe von ihr aber keine heilsgeschichtliche Erlösung und keine letzte Gewissheit erwarten. Ganz wie es später Richard Rorty (1991) ausformulieren sollte, müssen die Sphäre der Öffentlichkeit, in der es nur Kompromisse, nie aber eine endgültige Versöhnung oder persönliche Erfüllung, und die Sphäre des privaten Heils, für das es keine allgemeingültigen Rezepte geben könne, getrennt sein. Und ähnlich wie Thomas Mann in seinen Aufrufen zur Verteidigung der Republik (vgl. Mann 1932) appelliert auch Heller in *Bürger und Bourgeois* an das Bürgertum und die intellektuellen Literaten, in dieser existentiellen Krise der Republik nicht den Kopf zu verlieren und sich nicht durch die „antibürgerliche, ästhetisierende Gewaltethik" (S. 128) verführen zu lassen. Während Thomas Mann für ein Bündnisangebot des Bürgertums an die Arbeiterschaft plädiert, appelliert Heller von Seiten der Arbeiterschaft an das Bürgertum und sogar an die rechten bürgerlichen Parteien, ein gemeinsames politisches Bündnis zur Rettung der Republik einzugehen. Noch hat er politische Hoffnungen, die er direkt an die Arbeiterschaft adressiert. Vielleicht, so spekuliert er, habe der Faschismus die historische Aufgabe, die Arbeiterbewegung „von der Ansteckung durch die bourgeoise Sekurität dadurch zu heilen, daß er ihr seine gewalttätigen Klassenkampfmethoden aufzwingt" (S. 132). Dieser wie eine Drohung klingende Hoffnungsschimmer sollte allerdings schon einige Wochen später verglimmen, nachdem die Arbeiterschaft der Machtübergabe an die von Hitler geführte Koalitionsregierung zusehen musste.

Den zum Abschluss dieses Bandes abgedruckten Aufsatz *Autoritärer Liberalismus* schrieb Heller kurz vor der Machtübertragung an Hitler. Der Artikel wurde noch im März 1933, also nach Reichstagsbrand und nach Hellers Flucht aus Deutschland, in

S. Fischers *Die Neue Rundschau* publiziert. Hatte er drei Jahre zuvor den Begriff des „autoritären Staates" für seine eigene Position reklamiert, verwahrt er sich dagegen, dass dieser Terminus zum propagandistischen Schlagwort der Regierungsprogrammatik von Kanzler Franz von Papen geworden war. Heller zufolge trifft die Bezeichnung „autoritärer Liberalismus" die Intentionen der Regierungspolitik viel genauer. Autokratisch ist der Staatsapparat, weil eine demokratische Einflussnahme auf die Regierungspolitik nicht mehr vorgesehen ist; der Reichskanzler verfügt über die diktatorischen Kompetenzen des Notverordnungsrechts. Dieser Staat ist aber zugleich liberal, da er sich weitgehend aus der Gestaltung der ökonomischen, sozialen und kulturellen Prozesse herauszieht. Heller verweist in diesem Zusammenhang auf einen „autoritären Abbau der Sozialpolitik" sowie einen „Rückzug aus der sozialen Kulturpolitik" (S. 146). Als den geistigen Ahnherrn dieses gleichermaßen autokratischen wie wirtschaftsliberalen Staates macht Heller erneut seinen Intimgegner Carl Schmitt aus; Schmitt hatte im November 1932 unter der Parole *Starker Staat und gesunde Wirtschaft* vor Vertretern der Schwerindustrie für einen Ausbau der Präsidialdiktatur, verbunden mit einem rigiden Rückbau der in der Verfassung verbürgten sozialstaatlichen und wirtschaftsdemokratischen Garantien, geworben (vgl. Schmitt 1932).

Bemerkenswert ist Hellers Aufsatz aus heutiger Sicht unter anderem deswegen, weil darin bereits 1933 zur Charakterisierung dieser neuen Mischung aus Liberalismus und Autoritarismus von einem „neoliberalen Staat" (S. 146) gesprochen wird. Vor einigen Jahren ist dieser Aufsatz auch aus einem anderen Grund zu neuer Berühmtheit gelangt. Die von Heller mit Blick auf Papens Wirtschafts- und Sozialpolitik beschriebene Kombination aus autokratischem Staatsapparat und liberaler Wirtschaftspolitik haben verschiedene Autoren in der Debatte über die Eurorettungsmaßnahmen der Europäischen Union aufgegriffen und aktualisiert.[9]

Heller hatte zu dem Zeitpunkt, als er seinen Artikel schrieb, keine Illusionen mehr über den brutalen Charakter des autoritären Liberalismus. Da die Mehrheit der Deutschen den rigorosen Rückzug des Staates aus der Wirtschafts- und Sozialpolitik nicht ertragen wollen würde, bleibt den Regierenden allein das Mittel der Diktatur. Ein solcher Staat ist für Heller dann aber kein Staat im eigentlichen Sinne mehr, da er wesentliche Felder des gesellschaftlichen Zusammenlebens dem Spiel der ökonomisch Mächtigen überlässt. Um die gegenwärtige Krise zu überwinden, wären stattdessen entschlossene staatliche Eingriffe in das Wirtschaftsleben nötig. Heller spekuliert in diesem Zusammenhang sogar über die Notwendigkeit eines europäischen Staates, um sich gegen Banken, Industrie und Landwirtschaft stark zu machen. Viel Hoffnung hat Heller zu diesem Zeitpunkt allerdings nicht mehr.

6. Fazit: Kämpfen für die Demokratie

Hellers Texte zeigen einen weitsichtigen Analytiker der Endphase der Weimarer Demokratie. Sie zeigen, dass es bis zuletzt politische Alternativen zu der von Hindenburgs Camarilla betriebenen Machtübergabe an Hitler gegeben hat. Deutlich ist zu sehen, mit welcher Leidenschaft und welchem kämpferischen Elan sich Heller bis zuletzt für den Erhalt der Weimarer Demokratie engagiert hat.

Nun ist es für das Verständnis unserer heutigen politischen Situation wenig hilfreich, sie mit den krisenhaften Verwerfungen der Weimarer Republik gleichzusetzen. Zwar ist weltweit die Zahl der intakten liberalen Demokratien rückläufig und mittlerweile haben in nahezu allen Demokratien rechtspopulistische und rechtsextreme Kräfte erfolgreich die politische Bühne betreten. Deswegen der Gefahr einer Wiederkehr des klassischen „Faschismus" das Wort zu reden, ist jedoch analytisch wenig ergiebig (vgl. Jörke & Selk 2020, 72–79). Gleichwohl zeigen die politikwissenschaftlichen Analysen der „Krisen der Demokratie" (Przeworski 2020) und einer „demokratischen Regression" (Schäfer & Zürn 2021), dass die Epoche einer vergleichsweise hohen Stabilität liberaler Demokratien an ein vorläufiges Ende gelangt zu sein scheint. Grundlegende gesellschaftliche Konflikte nehmen wieder zu und der seit 1945 liebgewonnene Weg einer Pazifizierung gesellschaftlicher Konflikte durch die Befriedigung von Konsumbedürfnissen steht aus ökologischen Gründen, aber auch aufgrund der veränderten geopolitischen Situation nicht mehr problemlos zur Verfügung.

Was heißt es unter diesen Bedingungen, für die Demokratie zu kämpfen, und inwiefern kann die Lektüre der Schriften von Heller Impulse dafür geben? An einigen Stellen wirkt seine Sprache für heutige Leser und Leserinnen vermutlich anachronistisch; und einige seiner Formulierungen laden aufgrund unserer veränderten Sprachgewohnheiten gar zu nationalistischen Missverständnissen ein. Die genaue Lektüre zeigt jedoch, dass es ihm gerade um die kompromisslose Bekämpfung von demokratiefeindlichem Nationalismus und Identitätsdenken ging. Die Auseinandersetzung mit Hellers Werk kann auch heute Impulse für eine kämpferische Verteidigung der Demokratie geben, für die die drei Stichworte demokratischer Republikanismus, starker Staat und soziale Demokratie stehen.

Hellers Schriften verdeutlichen – erstens –, dass ein demokratisches Gemeinwesen ohne einen gewissen Grad an Gemeinsinn und „den sozialspsychologischen Zustand" sozialer Homogenität schwerlich existieren kann. In der Terminologie der heutigen Politischen Theorie bietet sich für seine Position der Ausdruck „Republikanismus" an (vgl. Llanque 2019). Politik im Sinne eines solchen modernen demokratischen Republikanismus zu betreiben bedeutet, die Voraussetzungen dafür zu schaffen, dass sich Bürgerinnen und Bürger nicht lediglich als individuelle Rechtssubjekte begegnen, sondern dass sie sich als Angehörige eines gemeinsamen politischen Kollektivs (oder aufeinander aufbauender Kollektive) begreifen. Das meint, dass sie über einen gemeinsamen politischen Erfahrungsraum verfügen, gemeinsame politische Werte teilen und solidarisch füreinander einstehen können. Damit ist keine Einigkeit im Sinne einer vorpolitischen nationalen „Leitkultur" gemeint. Vielmehr geht es Heller um „Einheit in der Vielheit". Er erinnert uns daran, dass die Unterstützung republikanischen Gedankenguts zu den genuinen Aufgaben staatlicher Bildungs- und Kulturpolitik gehört. Weder darf sich die staatliche Politik aus der Unterstützung der politischen Bildung zurückziehen, noch darf sie die Förderung einer sich immer wieder erneuernden gemeinsamen Erinnerungskultur aus den Augen verlieren. Um weiteren gesellschaftlichen Segregationstendenzen zu begegnen, dürfen die zentralen Politikfelder der Daseinsfürsorge – zum Beispiel die Wohnungs- und Gesundheitspolitik – nicht den liberalisierten Märkten überlassen werden.

Doch um dies zu ermöglichen – und das ist die zweite zentrale Einsicht Hellers –, bedarf es eines Staates, der handlungsstark genug ist, um derartige Ziele umsetzen zu können. In diesem Sinn ist Heller eine Art „Linksetatist" und steht gegen einen seit den 1980er Jahren dominierenden politischen Trend. Denn seit den 1980er Jahren ist der Staat als politischer Akteur von verschiedenen Seiten in die Kritik geraten. Sowohl die Vertreter eines neoliberalen Wirtschaftsdenkens wie auch die Anhänger der damaligen Neuen Sozialen Bewegungen haben den Staat als ineffizienten, bevormundenden und hoffnungslos bürokratischen Akteur abgelehnt. An seine Stelle sollten der Markt und die Zivilgesellschaft treten. In der Folge dieser neuen Staatsfeindlichkeit kam es zu einer Welle von Privatisierungen wichtiger Staatsbetriebe und der Ökonomisierung vieler Bereiche der Daseinsfürsorge wie Gesundheit und Bildung. Zu den bis heute wirksamen Effekten dieses staatsfeindlichen Zeitgeistes gehört auch die zunehmende Abhängigkeit öffentlicher Institutionen von den internationalen Finanzmärkten. Von Heller geht der Impuls aus, diesen Machtverschiebungen zugunsten anonymer Marktkräfte entgegenzutreten und heute auch aus demokratietheoretischen Gründen wieder mehr Staat wagen zu wollen.

Um es an einem Beispiel zu illustrieren: Gemäß Artikel 63 des *Vertrags über die Arbeitsweise der Europäischen Union* (AEUV) herrscht in den Mitgliedsländern der Europäischen Union ein Verbot der Beschränkung von Kapitalverkehr, und zwar nicht nur zwischen den Mitgliedsländern, sondern auch für Drittstaaten. Aktuell zeigt sich die Problematik eines freien Kapitalverkehrs nicht zuletzt auf dem Immobilienmarkt. Heller hatte für den Rückzug des Staates aus der Wirtschafts- und Finanzwelt den Begriff des „autoritären Liberalismus" geprägt. Wir haben oben auf neuere Anschlüsse an Hellers Konzept mit Blick auf die Europäische Union hingewiesen. Deren Politik war während der Finanzkrise insofern autoritär, weil sie gegen den Willen großer Teile der europäischen Bevölkerungen die vermeintlichen Imperative der Kapitalmärkte durchgesetzt hat. Sie war insofern auch (neo)liberal, weil einseitig eine Politik der Austerität im Interesse des „Marktvolkes" (Streeck 2013) verfolgt wurde. Heller hatte sich zwar mehrfach emphatisch für einen zukünftigen „europäischen Bundesstaat" ausgesprochen; doch dieser sollte den Handlungsspielraum der Nationalstaaten stärken, statt sie an internationale Kapitalinteressen auszuliefern.[10]

Das verweist schließlich – drittens – auf Hellers Theorie der gesellschaftlichen Einbettung der Demokratie und damit auf sein Konzept der „sozialen Demokratie" als der unabdingbaren Voraussetzung eines dauerhaft gelingenden demokratischen Miteinanders. Auch diesbezüglich gibt die heutige Lektüre Hellers einen Impuls zum Umdenken. Das Sicherungsnetz des nach 1945 in vielen westlichen Demokratien etablierten sozialdemokratischen Wohlfahrtsstaates – der sich als Institutionalisierung des von Heller geforderten „Klassenkompromisses" verstehen lässt – ist in den vergangenen Jahrzehnten löchriger geworden. Hinzu kommt eine Dynamik der Vermögensentwicklung, bei der die soziale Disparität massiv zugenommen hat. Neben den ungleichen Erbschaften und den internationalen Immobilienmärkten sind internationale Finanzmärkte treibende Faktoren dieser Entwicklung. Befeuert wird die wachsende soziale Ungleichheit durch eine aus dem Lot geratene hohe Besteuerung von Arbeit im Vergleich zur geringen Besteuerung von Kapital. Zu welchen gesellschaftszersetzenden Tendenzen und in der Konsequenz auch demokratiegefährdenden Dynamiken diese soziale Schieflage bereits geführt hat, ist unschwer zu beobachten. Heller wurde nicht müde darauf hinzuweisen, dass die demokratische Ordnung in schwieriges Fahrwasser gerät, wenn die soziale Schere zwischen Reich und Arm zu weit auseinander geht. Seine Schriften kreisen um die auch gegenwärtig wieder wichtig gewordene Einsicht, dass es für die Bewahrung und Weiterentwicklung der Demokratie einer neuerlichen Herstellung des Klassenkompromisses bedarf, also einer „gerechte[n] Ordnung des Wirtschaftslebens" (S. 16). Unabdingbar hierfür ist eine Reformpolitik, die auch vor stärkeren Eingriffen in das Privateigentum nicht zurückschreckt.

7. Editionsprinzipien

Die ersten Druckfassungen der in diesem Band versammelten Texte Hermann Hellers sind jeweils in einer Notiz am Textende angegeben. Von uns vorgenommene Textauslassungen sind mit eckigen Klammern [...] gekennzeichnet. Die alten Rechtschreibregelungen wurden beibehalten, das Schriftbild und die Hervorhebungen sowie die Zitationen jedoch vereinheitlicht. Sämtliche Literaturnachweise in den Originalen wurden auf ein einheitliches Fußnotensystem umgestellt. Alle Texte wurden (bis auf eine Ausnahme) auch mit den von Christoph Müller edierten Abdrucken in den *Gesammelten Schriften* von Hermann Heller (zweite durchgesehene Auflage von 1992) abgeglichen.

Die bibliographischen Angaben Hellers, die in den Originalen variieren und häufig abgekürzt sind, sind ebenfalls vereinheitlicht. Teilweise wurden sie von uns ergänzt. Diese Ergänzungen wurden ebenfalls mit eckigen Klammern markiert. Für diese Ergänzungen haben wir uns teilweise an der von Christoph Müller vorbildlich edierten Heller-Ausgabe orientiert.

Für die großartige Hilfe bei den Redaktionsarbeiten bedanken wir uns bei Magdalena Kirsch (TU Darmstadt), Steffi Krohn (Universität Greifswald) und David Weiß (TU Darmstadt). Jens Hacke danken wir für kritische Hinweise und die Unterstützung bei der Europäischen Verlagsanstalt.

Anmerkungen

1 Eine von Christoph Müller betreute Ausgabe seiner *Gesammelten Schriften* in drei Bänden erschien erstmals 1971 bei A. W. Sijthoff in Leiden. Eine überarbeitete 2. Auflage erfolgte 1992 im Tübinger Verlag J.C.B. Mohr (Paul Siebeck).

2 Die biografischen Angaben stützen sich auf Müller (1992) und Scholle (2023).

3 2024 wird der Artikel mit einer ausführlichen Kommentierung von Marcus Llanque auch in der *Zeitschrift für Politische Theorie* erscheinen.

4 Zitiert in Winkler (2000, 525).

5 Heller wird indes der Position Kelsens nicht gerecht, insbesondere teilt Kelsen mit Heller die Kritik an den anarchistischen Konsequenzen des Marxismus, vgl. Kelsen (1920). Kelsen nahm die mehrfachen scharfen Verbalattacken Hellers eher mit Verwunderung zur Kenntnis (vgl. Olechowski 2020, 251–253). Zur Vereinbarkeit der Positionen von Heller und Kelsen vgl. Müller (1984) und Möllers (2000, 84–99).

6 Vgl. Grimm (2016).

7 https://www.bundestag.de/dokumente/textarchiv/2023/kw24-gedenkstunde-17-juni-rede-steinmeier-953724.

8 Die Vertreter des „Hofgeismarer Kreises", zu dem auch Heller gehörte, werden vom Heller-Schüler Carlo Schmid als die geistigen Väter des Godesberger Programms von 1959 angesehen, vgl. Borinski (1984) und Hennig (1984). Demgegenüber betont Wolfgang Abendroth die Differenz zwischen Hellers sozialistischer Position und einer Sozialdemokratie, die sich zu einer „sozialen Marktwirtschaft" bekennt (vgl. Abendroth 1954 und 1984). Jürgen Fijalkowski stellte dazu zutreffend fest, dass Hellers Option für den sozialen Rechtsstaat „gesellschaftspolitisch klar antikapitalistisch, verfassungspolitisch ebenso klar rechtsstaatlich gemeint" (Fijalkowski 1974, 476) ist. Vgl. zu den Interpretationskontroversen Groh (2022, 31–33).

9 Somek (2015); Streeck (2015); Wilkinson (2015) und Bonefeld (2017). Vgl. zu dieser Rezeptionslinie auch Frick & Lembcke (2022).

10 Zu den Implikationen einer derartigen Neukonstitutionalisierung Europas vgl. Jörke (2019). Im Anschluss an Heller findet sich eine ähnliche Argumentation bei Frick & Lembcke (2022).

Zitierte Literatur

Abendroth, Wolfgang 1954: Zum Begriff des demokratischen und sozialen Rechtsstaates im Grundgesetz der Bundesrepublik Deutschland. In: ders., Gesammelte Schriften. Band 2. Hannover: Offizin, 2008, S. 338–357.

Abendroth, Wolfgang 1984: Die Funktion des Politikwissenschaftlers und Staatsrechtslehrers Hermann Heller in der Weimarer Republik und in der Bundesrepublik Deutschland. In: Christoph Müller & Ilse Staff (Hrsg.), Der soziale Rechtsstaat. Gedächtnisschrift für Hermann Heller 1891–1933. Baden-Baden: Nomos, S. 213–233.

Adler, Max 1922: Die Staatsauffassung des Marxismus. Nachdruck. Darmstadt: Wissenschaftliche Verlagsanstalt, 1964.

Adler, Max 1925: Staat, Nation und Sozialdemokratie. Koreferat. In: Hermann Heller. Gesammelte Schriften in 3 Bänden. Band 1. Zweite, durchgesehene Ausgabe. Tübingen: J. C.B. Mohr, S. 542–553.

Adler, Max 1926: Politische oder soziale Demokratie. Berlin: E. Laub'sche Verlagsbuchhandlung.

Bauer, Wolfram 1968: Wertrelativismus und Wertbestimmtheit im Kampf um die Weimarer Demokratie. Berlin: Duncker & Humblot.

Blau, Joachim 1980: Sozialdemokratische Staatslehre in der Weimarer Republik. Marburg: Verlag Arbeiterbewegung und Gesellschaftswissenschaft.

Bonefeld, Werner 2017: Authoritarian Liberalism: From Schmitt to Ordoliberalism to the Euro. In: Critical Sociology 43(3–4), S. 747–761.

Borinski, Fritz 1984: Hermann Heller: Lehrer der Jugend und Vorkämpfer der freien Erwachsenenbildung. In: Christoph Müller & Ilse Staff (Hrsg.), Der soziale Rechtsstaat. Gedächtnisschrift für Hermann Heller 1891–1933. Baden-Baden: Nomos, S. 89–110.

Buchstein, Hubertus 1992: Politikwissenschaft und Demokratie. Baden-Baden: Nomos.

Buchstein, Hubertus 2008: Hermann Heller. In: Handbuch der Politischen Philosophie und Sozialphilosophie. Band 1. Berlin: De Gruyter, S. 491–493.

Fijalkowski, Jürgen 1974: Herrmann Heller und die Staatslehre heute. In: Die neue Gesellschaft 21, 475–479.

Fraenkel, Ernst 1969: Strukturanalyse der modernen Demokratie. In: ders., Gesammelte Schriften. Band 5. Baden-Baden: Nomos 2007, S. 314–343.

Frick, Verena & Lembcke, Oliver W. 2022: Autoritärer Liberalismus oder demokratischer Konstitutionalismus? Hermann Heller und die europäische Dauerkrise. In: dies. (Hrsg.), Hermann Hellers demokratischer Konstitutionalismus. Wiesbaden: Springer VS, S. 203–223.

Grimm, Dieter 2016: Europa ja - aber welches? Zur Verfassung der europäischen Demokratie. München: C.H. Beck.

Groh, Kathrin 2022: Antipositivismus und demokratischer Etatismus. Streit mit Heller in Weimar. In: Verena Frick & Oliver W. Lembcke (Hrsg.), Hermann Hellers demokratischer Konstitutionalismus. Wiesbaden: Springer VS, S. 21–40.

Habermas, Jürgen 1993: Anerkennungskämpfe im demokratischen Rechtsstaat. In: Amy Gutmann (Hrsg.), Multikulturalismus und die Politik der Anerkennung. Frankfurt am Main: Fischer, S. 147–196.

Hacke, Jens 2018: Existenzkrise der Demokratie. Zur politischen Theorie des Liberalismus in der Zwischenkriegszeit. Berlin: Suhrkamp.

Heller, Hermann 1919: Arbeiter und Wissenschaftliche Politik. In: ders., Gesammelte Schriften in 3 Bänden. Band 1. Zweite, durchgesehene Ausgabe 1992. Tübingen: J. C.B. Mohr, S. 579–583.

Heller, Hermann 1925a: Staat, Nation und Sozialdemokratie. In: ders., Gesammelte Schriften in 3 Bänden. Band 1. Zweite, durchgesehene Ausgabe 1992. Tübingen: J.C.B. Mohr, S. 527–542.

Heller, Hermann 1925b: Sozialismus und Nation. Berlin: Arbeiterjugendverlag.

Heller, Hermann 1926: Die politischen Ideenkreise der Gegenwart. Breslau: Verlag Ferdinand Hirt.

Heller, Hermann 1927a: Die Souveränität. Ein Beitrag zur Theorie des Staats- und Völkerrechts. Berlin und Leipzig: Walter de Gruyter.

Heller, Hermann 1927b: Der Begriff des Gesetzes in der Reichsverfassung. In: ders., Gesammelte Schriften in 3 Bänden. Band 2. Zweite, durchgesehene Ausgabe 1992. Tübingen: J.C.B. Mohr, S. 203–247.

Heller, Hermann 1931: Europa und der Fascismus, 2. erweiterte Auflage. Berlin und Leipzig: Walter de Gruyter.

Heller, Hermann 1934: Staatslehre. Hrsg. von Gerhart Niemeyer. Leiden: A.W. Sijthoff's Uitgeversmaatschappij N.V.

Henkel, Michael 2011: Hermann Hellers Theorie der Politik und des Staates. Die Geburt der Politikwissenschaft aus dem Geiste der Soziologie. Tübingen: Mohr Siebeck.

Hennig, Eike 1984: Nationalismus, Sozialismus und die ‚Form aus Leben': Hermann Hellers politische Hoffnung auf soziale Integration und staatliche Einheit. In: Christoph Müller & Ilse Staff (Hrsg.), Der soziale Rechtsstaat. Gedächtnisschrift für Hermann Heller 1891–1933. Baden-Baden: Nomos, S. 273–286.

Holldorf, Michael 2013: Akademische und politische Weichenstellungen. Hermann Heller in Kiel. In: Wilhelm Knelangen & Tine Stein (Hrsg.), Kontinuität und Kontroverse. Die Geschichte der Politikwissenschaft an der Universität Kiel. Essen: Klartext, S. 231–256.

Horkheimer, Max 1942: Autoritärer Staat. In: ders., Gesammelte Schriften. Band 5. Frankfurt am Main: Fischer, 1987, S. 293–319.

Jörke, Dirk 2019: Die Größe der Demokratie. Über die räumliche Dimension von Herrschaft und Partizipation. Berlin: Suhrkamp.

Jörke, Dirk & Selk, Veith 2020: Theorien des Populismus zur Einführung. 2. überarbeitete Auflage. Hamburg: Junius.

Kelsen, Hans 1920: Sozialismus und Staat: Eine Untersuchung der politischen Theorie des Marxismus. 3. Auflage. Wien: Wiener Volksbuchhandlung, 1965.

Künkler, Mirjam & Stein, Tine 2017: Staat, Recht und Verfassung. Ernst-Wolfgang Böckenfördes politisches und verfassungstheoretisches Denken im Kontext. In: Jahrbuch des öffentlichen Rechts der Gegenwart 65, S. 573–610.

Llanque, Marcus 2001: Politik und republikanisches Denken: Hermann Heller. In: Hans J. Lietzmann & Wilhelm Bleek (Hrsg.), Moderne Politik. Politikverständnisse im 20. Jahrhundert. Opladen: Leske und Budrich, S. 37–61.

Llanque, Marcus 2019: Hermann Heller and the Republicans of the Left in the Weimar Republic. In: Jus Politicum 23: S. 13–30.

Llanque, Marcus 2022: Hermann Heller, das Berufsbeamtentum und das etatistische Politikverständnis. In: Verena Frick & Oliver W. Lembcke (Hrsg.), Hermann Hellers demokratischer Konstitutionalismus. Wiesbaden: Springer VS, S. 119–144.

Mann, Thomas 1932: Sieg deutscher Besonnenheit! In: ders., Ein Appell an die Vernunft. Essays 1926–1933. Frankfurt am Main: Fischer, 1994, S. 343–344.

Marx, Karl 1852: Der 18. Brumaire des Louis Bonaparte. In: Marx-Engels-Werke. Band 8. Berlin: Dietz Verlag, 1969, S. 111–207.

Mehring, Reinhard 2022: Carl Schmitt. Aufstieg und Fall. Eine Biographie. 2. Auflage. München: C. H. Beck.

Möllers, Christoph 2000: Staat als Argument. München: H.C. Beck.

Mouffe, Chantal 2000: The Democratic Paradox. London: verso.

Müller, Christoph 1984: Kritische Bemerkungen zur Kelsen-Rezeption Hermann Hellers. In: Christoph Müller & Ilse Staff (Hrsg.), Der soziale Rechtsstaat. Gedächtnisschrift für Hermann Heller 1891–1933. Baden-Baden: Nomos, S. 693–722.

Müller, Christoph 1992: Hermann Heller: Leben, Werk, Wirkung. In: Hermann Heller. Gesammelte Schriften in 3 Bänden. Band 3. Zweite, durchgesehene Ausgabe 1992. Tübingen: J.C.B. Mohr, S. 429–476.

Neumann, Franz L. 1937: Der Funktionswandel des Gesetzes im Recht der bürgerlichen Gesellschaft. In: ders., Demokratischer und autoritärer Staat. Frankfurt am Main: Fischer, 1986, S. 31–81.

Olechowski, Thomas 2020: Hans Kelsen. Biographie eines Rechtswissenschaftlers. Tübingen: Mohr Siebeck.

Przeworski, Adam 2020: Krisen der Demokratie. Berlin: Suhrkamp.

Rawls, John 1992: Politischer Liberalismus. Frankfurt am Main: Suhrkamp.

Rorty, Richard 1991: Kontingenz, Ironie und Solidarität. Frankfurt am Main: Suhrkamp.

Schäfer, Armin & Zürn, Michael 2021: Die demokratische Regression. Die politischen Ursachen des autoritären Populismus. Berlin: Suhrkamp.

Schluchter, Wolfgang 1968: Entscheidung für den sozialen Rechtsstaat. Hermann Heller und die staatstheoretische Diskussion in der Weimarer Republik. Köln & Berlin: Kiepenheuer & Witsch.

Schmitt, Carl 1932: Starker Staat und gesunde Wirtschaft. In: ders., Staat, Großraum, Nomos. Aufsätze aus den Jahren 1916–1969. Berlin: Duncker & Humblot 1995, S. 71–85.

Scholle, Thilo 2023: Herrmann Heller. Jüdische Miniaturen. Band 293. Berlin und Leipzig: Hentrich & Hentrich.

Somek, Alexander 2015: Delegation and Authority: Authoritarian Liberalism Today. In: European Law Journal 21(3): S. 340–360.

Stammer, Otto 1951: Herrschaftsordnung und Gesellschaftsstruktur. Erkenntnisobjekt und Aufgaben der politischen Soziologie. In: Schmollers Jahrbuch für Gesetzgebung, Verwaltung und Volkswirtschaft 71(3), S. 1–40.

Streeck, Wolfgang 2013: Gekaufte Zeit. Die vertagte Krise des demokratischen Kapitalismus. Berlin: Suhrkamp.

Streeck, Wolfgang 2015: Heller, Schmitt, and the Euro. In: European Law Journal 21(3): S. 361–370.

Walter, Franz 1983: Jungsozialisten in der Weimarer Republik. Göttingen: SOVEC.

Wilkinson, Michael A. 2015: Authoritarian Liberalism in the European Constitutional Imagination: Second Time as Farce. In: European Law Journal 21(3), S. 313–339.
Winkler, Heinrich August 2000: Der lange Weg nach Westen. Deutsche Geschichte. Band 1. München: Beck-Verlag.

Aus unserem Programm

Hans Kelsen (1881-1973) gilt vielen als *der* Jurist des 20.Jahrhunderts.

Horst Dreier
ad Hans Kelsen
Rechtspositivist und Demokrat
143 Seiten, Klappenbroschur
ISBN 978-3-86393-114-8

Müllers luzide Werkanalysen ermöglichen einen neuen Blick und eine Aktualisierung der weiterhin gültigen sozialliberalen Prämissen von Hugo Preuß.

Christoph Müller
Hugo Preuß, der Vater
der Weimarer Verfassung
Ihre Grundlegung in der
Gemeinde-Demokratie
274 Seiten, Klappenbroschur
ISBN 978-3-86393-137-7

Dolf Sternbergers „Lebende Verfassung“ ist ein wissenschaftlich wie politisch bedeutsames Grundlagenwerk.

Dolf Sternberger
Lebende Verfassung
177 Seiten, Klappenbroschur
ISBN 978-3-86393-146-9

www.europaeischeverlagsanstalt.de